Generis
PUBLISHING

AF431790

François-Régis FINE, ofm

Regards croisés sur la création

Scientifique, philosophique, chrétien, franciscain

CIP a Camerei Naţionale a Cărţii

Fine, François-Régis.

Regards croisés sur la création : Scientifique, philosophique, chrétien, franciscain / François-Régis Fine. – Chişinău : Generis Publishing, 2020 (Print on demand). – 101 p. : fot.
Referinţe bibliogr. în subsol.

ISBN 978-9975-154-76-5.

113

F 56

Cover image: www.pixabay.com

Generis Publishing
Online orders: www.generis-publishing.com
Orders by email: info@generis-publishing.com

A mes anciens compagnons de travail (1967 -82) et de ministère (1982-2005).

Aux jeunes que j'ai eu la faveur d'accompagner, un moment, sur leur route.

A mes frères franciscains, pour leur aide et leur patience.

A Guillaume, Agnès et Jacques.

TABLE DES MATIERES

Avant-Propos

*'L'accroissement des connaissances accroît
notre émerveillement devant la complexité de la
création, et cela encourage une interdisciplinarité avec
la recherche philosophique en vue d'une synthèse.'*
Benoît XVI[1]

Au lecteur potentiel de ce petit livre qui s'interrogerait sur sa contribution spécifique au débat déjà largement entamé sur l'écologie, je répondrai que cette contribution – au moins dans son projet - est rassemblée dans le qualificatif 'croisé' appartenant au titre : 'Regards *croisés* sur la création'.

On trouve en effet de nombreux ouvrages scientifiques décrivant les connaissances actuelles sur l'origine et l'évolution de la création [2]; mais si on veut trouver une réflexion philosophique ou religieuse sur ces connaissances, il faut aller les chercher dans des livres ou des revues spécialisées. Après la 'physique', n'y avait-il pas traditionnellement place pour la 'métaphysique' ?

Prenant pour exemple la pauvreté volontaire prônée par certains courants écologiques, Cl. Tresmontant écrit : « *La pauvreté volontaire, libre, consentie, ne peut que résulter d'une profonde tranquillité et assurance concernant le principal, i.e. le sens de la destinée humaine. L'analyse des problèmes métaphysiques n'est pas un jeu inutile pour oisifs[3]* .

Nous pensons, par cet ouvrage, apporter notre contribution à ce que Tresmontant désigne comme 'le principal'. Ce 'principal' constitue le fondement des dispositions à prendre pour répondre aux défis de notre temps et pour répondre aux requêtes souvent formulées aujourd'hui et que l'on pourrait résumer par les citations suivantes :

- « Nous avons assez transformé et exploité le monde, le temps vient de le comprendre » (M. Serres).

---

[1] Discours à l'assemblée plénière de l'Académie Pontificale des Sciences, le 28 octobre 2010, publié ce jour par l'agence 'Zénith'
[2] Voir ci-dessous, au début du ch 2, p. 17 note 12, une brève bibliographie.
[3] Cl Tresmontant, 'problèmes de notre temps', Œil, 1991, p. 202.

- « Si on ne donne pas à la foi chrétienne la dimension de la création, ce pourrait en être fini de l'intelligibilité du salut chrétien, réduit à la grâce et à l'éthique » (A. Gesché).

- « Dans notre légitime souci anthropologique, nous avons accueilli largement les sciences humaines ; il nous faut maintenant écouter avec une même attention, les sciences de la nature » (id.).

- 'On se plaint d'un monde sans Dieu ; n'est-ce pas parce qu'on a trop pensé un Dieu sans monde' (id.) ?

Le sous-titre de ce livre est ambitieux quant à l'ampleur des domaines envisagés. Non que l'auteur puisse se prévaloir d'une connaissance encyclopédique le rendant apte à se prononcer sur tous ces domaines. Plus simplement, son parcours de vie l'a amené à traverser ces divers domaines dans lesquels il s'est, à chaque fois, efforcé de répondre aux questions rencontrées dans son engagement.

J'ai eu d'assez nombreuses opportunités de mettre en œuvre - et à l'épreuve - ces compétences dans mes divers ministères : auprès de jeunes (aumônier de lycée technique (Marseille) ; d'une faculté des sciences (Nice) ; formation de candidats à la vie religieuse (Madagascar), accompagnateur spirituel d'équipes du Mouvement Chrétien des Cadres (MCC), curé de paroisse (Bruxelles), prédications dominicales et autres prestations plus ponctuelles.

Ce parcours personnel constitue le 'lieu' d'où je m'exprime parfois à la 1ère personne dans cet ouvrage[4]. Il donne aussi une des raisons pour lesquelles, j'ai choisi une démarche pluridisciplinaire, ayant eu l'occasion de me frotter à ces diverses disciplines. Voici d'autres raisons à ces 'regards *croisés*':

° La pluridisciplinarité est aussi un moyen pour faciliter la démarche de personnes d'origines variées ; elles pourront se retrouver dans une ces disciplines évoquées, et ainsi entrer dans la démarche jusqu'à son terme, le regard 'chrétien' : c'est vers lui que converge ce travail, et plus spécifiquement vers la responsabilité spécifique qui revient aux chrétiens concernant la sauvegarde de la création.

---

[4] Cela fait droit à l'étonnante et suggestive apostrophe lancée par Marie Balmary (psychanalyste): « *Je ne te lâcherai pas que tu ne m'aies raconté comment il t'est arrivé de dire 'Je'* », 'La divine origine', Grasset, 1993, p.47.

Fonder cette responsabilité est la motivation principale de ce travail.

° Enfin, la pluridisciplinarité est un outil adapté à l'état d'esprit de la jeunesse sur ces questions : les évêques suisses ont publié en 2009 une lettre pastorale sur la Création, saluée comme *'un des meilleurs documents d'Eglise sur cette question' (Doc. catho. no 2440, 15 mars 2009).* Voici, selon eux, 'l'état d'esprit' des jeunes sur cette question :   *« Ce que la Bible dit de la création est dépassé depuis longtemps. Dieu n'a pas créé le monde en 7 jours comme la Genèse le raconte. Il est né d'un immense Big Bang et s'est développé durant des milliards d'années jusqu'à l'apparition, un jour, de la vie et, finalement, des hommes. L'évolution va encore durer quelques milliards d'années jusqu'à la consommation totale du soleil et de notre système solaire ».*

La réintégration de la création dans notre foi chrétienne prendra sans doute plusieurs décennies (une à deux générations). Contribuer à l'effort de ceux qui travaillent aujourd'hui à cette réintégration indispensable, constitue une seconde motivation de ce travail.

Cet ouvrage contient un assez grand nombre de citations et cela mérite quelques explications :

1- Dans les différentes disciplines envisagées, je ne suis pas théoricien, mais praticien : sciences (Ingénieur) ; philosophie et théologie (prêtre, enseignant en cours de religion).

Il n'est donc pas surprenant que je m'en tienne à ce que les 'mentors' reconnus de ces disciplines publient. Les citations sont là pour dire : 'voilà, là, je m'y retrouve, c'est bon et c'est bien dit, mieux que ce que j'aurais pu le faire moi-même.

Le propos de ce travail n'est donc pas de développer des idées originales, encore inédites, mais de faire savoir comment *'l'honnête homme'* du 21ème s. que je suis, avec sa formation initiale et sa pratique, peut se prononcer par rapport à ce que publient les personnes reconnues par leur pairs dans leurs disciplines propres (*'honnête homme'* entendu au sens qu'avait cette expression au 17ème s.).

J'espère ainsi aider mes contemporains, 'honnêtes hommes' eux aussi de ce 21ème à se forger une opinion personnelle par rapport à tout ce qui est publié récemment sur le sujet de la création.

2- Les citations peuvent aussi constituer comme une 'banque de données' pour tous ceux et celles qui doivent rendre compte de leur pensée touchant la création (enseignants, parents, prêtres, catéchistes).

3- On a pris soin de donner à chaque fois les références de ces citations de sorte que celui qui veut aller plus loin pourra s'y reporter. On remarquera que la plupart des citations proviennent de sources datées d'après l'an 2000.

4- Enfin on peut considérer ces citations comme une réponse à l'interpellation de st Paul : *'Qu'as-tu que tu n'aies reçu ?'* Elles renvoient à la conviction que j'ai tout reçu, après ma famille, de mes enseignants, de mes lectures et surtout de mère Eglise et de ceux et celles qu'elle mandate pour interpréter, sans blasphème, Ecriture et Tradition.

Bonne lecture !

I - Arpenter la création comme un jardin qu'on viendrait de recevoir.

Regarder, comme un enfant au réveil.

Comme tout organe vivant, notre cerveau doit fonctionner tour à tour en réceptivité et en émissivité. La distinction et la pratique alternative de ces 2 opérations sont indispensables pour maintenir l'équilibre du cerveau : recevoir des sensations et émettre des pensées. Cette observation est la base de la méthode Vittoz[5], aussi simple et qu'efficace et qui, depuis un siècle, a aidé tant de personnes à vivre dans notre monde complexe et agité.

Eh bien suivons cette voie pour traiter notre sujet, et, avant 'd'émettre des pensées' sur la création, prenons le temps de la 'recevoir' pour ce qu'elle est, regardons-la pour elle-même, comme un jardin qu'on viendrait de recevoir ou d'acquérir, et commençons par nous en émerveiller :

- S'émerveiller de sa *diversité :* sur terre, dans les airs, dans la mer, quelle profusion de créatures, adaptées à leur milieu, merveilles de beauté et d'intelligence ! Einstein disait 'qu'il y avait plus d'intelligence dans *une goutte d'eau* que dans toutes les machines inventées par les hommes' !
- S'émerveiller de *son unité,* sa cohérence. Une sorte de *parenté* semble lier toutes les créatures les unes aux autres : soleil, eau, air, vents, dans leur mouvement autour de la terre concourent à la croissance de cette multitude d'êtres vivants.
- S'émerveiller de *sa créativité* : aujourd'hui, la science prend mieux en compte cette créativité de la nature. Abandonnant la conception ancienne du déterminisme, la science contemporaine «s'est réconciliée avec l'inédit, l'imprévu. Le sort du monde n'est pas entièrement contenu dans le présent ; les

---

[5] Aux éditions Pierre Téqui : ' Dr P. d'Epiney, La psychothérapie du docteur Vittoz, Paris, 18ème édn, 1990.
Et P. Charles, Présentation des exercices du Dr Vittoz, 1994. Voir Google :'Méthode Vittoz'.

aujourd'hui sont des événements nouveaux, marqués, mais non déterminés par le passé[6] ».

Oui, diversité, unité, créativité, il y a bien des motifs de s'émerveiller de cette création !

N.B. 1- Mais, dira-t-on, il existe aussi du négatif – pour l'homme - dans cette création : tremblements de terre, volcans, tsunamis… Que peut-on en dire ? On reviendra sur cette question importante[7].
Pour l'instant, qu'il nous suffise de dire qu'il faut tout prendre dans cette création : ces éléments négatifs sont l'expression même de la vie de la terre. Quand on sélectionne une partie qui est mauvaise et qu'on la retire du tout, on ne comprend plus rien.

N.B. 2 – Comment réaliser diversité et unité de la création ? Des auteurs américains dans la mouvance franciscaine, ont mis au point une procédure s'inspirant des méthodes classiques de relaxation : sentir le poids de son corps, sa respiration, 'sentir' les courants qui parcourent notre corps etc. en les reliant à notre environnement. Cette méthode très simple, ne demande qu'à être essayée sans a priori.

On trouvera, en annexe 1, la traduction française de cette méthode de méditation.

Le lecteur est invité à l'expérimenter personnellement, avec soin, avant de poursuivre la lecture.

Voici un extrait d'un des textes proposés pour clôturer cette méditation :

> « _S´émerveiller de l'extraordinaire complexité de la nature, de son incroyable précision, de ses stupéfiantes possibilités. Et, par dessus tout cela, s'émerveiller de ce que la nature époustouflante de grandeur, de_

---

[6] Hubert Reeves, Malicorne, édn Poche, coll. Points Sciences, 1998
[7] Voir ch 3 p. 29, Objections au concept de création.

force, d'ingéniosité, soit compréhensible[8], et saisissable rationnellement »[9].

Voir en annexe 9, notre commentaire sur le livre des frères Bodganov : 'Le visage de Dieu'.

S'émerveiller ou chercher une cause ?

A l'issue de cette méditation guidée, plaçons cette démarche en vis-à-vis d'une autre démarche classique consistant à chercher une cause à l'univers.

Pour A. Gesché[10] : *'la catégorie de la causalité ne doit pas être 1ère '.*

Voici son argumentation :

° Du côté scientifique, la catégorie de la causalité est mise en question par la découverte, inouïe pour la science classique, de l'indétermination. Le causalisme fait de moins en moins droit à la richesse foisonnante de la réalité. Le monde n'apparaît plus comme une simple explicitation progressive d'un donné tout préparé. Des flèches imprévisibles peuvent, à tout instant, modifier le champ observé. La causalité est une des catégories les plus pauvres à rendre compte de la réalité du monde.

° Du côté philosophique, la question : *'pourquoi existe-t-il quelque chose plutôt que rien ?'* exprime le pouvoir de fascination que les 'origines' exercent sur l'homme, tenues comme devant nous éclairer sur notre condition. C'est une bonne question, mais la réponse peut l'être moins, car ce genre de recherche nous transporte vers un 'ailleurs'. Dans cette position de survol, l'homme s'évade dans une antériorité, devient spectateur et ne prend plus part au monde qu'il interroge.

Et quand bien même on trouverait une origine, n'est-ce pas risquer de faire de celle-ci une simple utilité ? Peut-on réduire Dieu à être une explication, un fonctionnaire de la raison d'être ?

Dès lors, avant de nous installer dans l'universalité d'une cause qui rendrait compte de tout, ne parlons pas trop vite, découvrons la merveille de ce cosmos.

---

[8] 'Ce qui est incompréhensible, c'est que le monde soit compréhensible', Albert Einstein.

[9] Texte de J-L.M. Lagardette 'Un développement en beauté' pris dans une rubrique du site 'cdurable.info'.

[10] A. Gesché, Dieu pour penser, t. IV, 'Le Cosmos', ch 1 et 2. Nous suivons de près son argumentation.

Commençons par l'admiration et l'étonnement qui sont la clé de la connaissance (Socrate). Dieu lui-même commença par là, avec ses 1ers mots : 'Cela est bon, vraiment bon !' (Gn 1,10).

On pourrait passer de l'interrogation à l'exclamation en supprimant le 'pourquoi' de l'interrogation pour laisser simplement : '_Il existe quelque chose plutôt que rien !_' Et séjourner longuement dans cette exclamation. C'est ce que nous avons proposé dans cette méditation guidée.

Retenons de ces considérations que nous devons éviter une fixation sur la question des origines. Cela nous amènera, dans le regard chrétien, à nous tourner davantage vers le but de la création, sa destinée, telle qu'elle nous est révélée dans la Bible et, inséparablement, dans l'histoire du peuple hébreu. Cela, même si la Bible ne nous laisse pas démunis par rapport aux origines, à condition d'en faire une interprétation convenable. Nous y reviendrons (Cf annexe 5).

Faisons maintenant un détour par la science et la philosophie.

II - Regard scientifique

> *« La biologie, comme les autres sciences de la nature,*
> *ne cherche plus la vérité, elle construit la sienne ».*
>
> F. Jacob

I. Un peu d'histoire.

On trouvera dans l'excellent petit livre de J.E. Charon[11], une revue de 25 siècles de cosmologie (c'est-à-dire de modèles de représentation du monde), depuis les sphères multiples de Ptolémée, jusqu'aux représentations les plus récentes. On y trouve cette remarquable citation de Newton (1642 – 1727), à qui, au soir de sa vie, on demandait 'ce qui restait à découvrir'. Voici sa réponse :

« Je ne sais ce que je puis paraître au monde, mais à moi-même, il me semble que j'ai seulement été comme un petit garçon qui joue sur la plage et qui se divertit à trouver de temps en temps, un caillou mieux poli ou un plus beau coquillage que de coutume, alors que l'immense océan de la vérité s'étend devant moi, encore entièrement inexploré ».

Dit en termes d'aujourd'hui : tandis que l'homme grandit *en pouvoir et en savoir*, un univers se découvre aux yeux des spécialistes eux-mêmes, infiniment plus prodigieux et plus étrange qu'on ne l'avait imaginé depuis des millénaires. On trouvera en annexe 2, un résumé des acquis scientifiques du 21ème s.

II. Déplacements récents.

Mon propos dans ce chapitre n'est pas de reprendre les nombreuses synthèses bien vulgarisées des acquisitions récentes – et toujours provisoires - de la science[12], mais de souligner les déplacements considérables opérés entre

---

[11] J.E. Charon, 25 siècles de cosmologie, Stock plus, 1980, disponible sur le site Amazone.

[12] 'L'univers n'est pas sourd', C. Theobald,et coll. Bayard, 2006 ; 'un regard neuf sur le génie du christianisme', D. Laplane et R. Rémond, FX de Guibert, 2006 ; 'Le monde s'est-il créé

l'époque moderne (17ème – 19ème s.) et l'époque contemporaine (20ème s. et au delà), afin d'introduire quelques réflexions concernant notre rapport à la création aujourd'hui.

Parmi les déplacements opérés, nous en signalons trois :

1- 'L**e monde a une histoire'**.

C'est, selon H. Reeves[13], *la découverte la plus importante du 20ème s.* qui a changé profondément notre vision du monde : on est passé d'un monde fini et stable à un univers en constant changement ; on a acquis un sens profond de l'historicité spatiale et temporelle du monde et de l'humanité. On fait l'expérience d'un monde incomplet et instable. On voit un lien entre la destinée du monde et celle de la race humaine. On a conscience de l'étendue de l'histoire cosmique et du bref moment de l'histoire humaine dans ce contexte.

«La science, médusée, fait la découverte du temps dans la nature, ce qui la rapproche de nous, la rendant fraternelle. En science, le temps et l'histoire ont fait leur apparition dans les sciences de la nature, là où ne semblait régner que l'espace et le nombre. Voilà qui pourrait amener à une 'nouvelle alliance' [14]*de l'homme et du cosmos » (A. Gesché, op. cit. p. 163).*

2- **Le déterminisme fait place à l'indétermination et à l'innovation :**

Exemple déterministe : Laplace (mathématicien, m. en 1827) : « *Une intelligence qui, pour un instant donné, connaîtrait toutes les forces dont la nature est animée, et la situation respective des êtres qui la composent,... embrasserait dans la même formule les mouvements les plus grands de l'univers et des plus légers atomes : rien ne serait incertain pour elle, et l'avenir, comme le passé, serait présent à ses yeux* [15]».

---

tout seul ?' TX Thuan et coll. Albin Michel, 2008 ; I et G Bodganov, 'Avant le Big Bang', Le Livre de Poche, Grasset, 2004, et 'Le visage de Dieu', id. 2010.
[13] Malicorne, op. cit.
[14] L'expression est de Prigogyne et Stengers. La Nouvelle Alliance, métamorphose de la science, Paris, 1979, 1986.
[15] E Cité dans E. Charon, op. cit.

Commentaire de H. Reeves[16] : « *Avec les découvertes de Newton sur les mouvements des orbites planétaires, on était tombé sur le plus facile ; ces orbites, précisément, illustrent la pauvreté du pôle 'nécessité pure' ; elles cadrent mal avec la richesse des formes que la réalité ne cesse d'engendrer au long des temps... Pendant longtemps, on a nié l'aujourd'hui, soit au nom du déterminisme, soit au nom du hasard. Mais on a fait une révolution conceptuelle : aujourd'hui, on est en mesure d'apprécier le 'moment présent' à sa juste valeur : les scientifiques se sont réconciliés avec l'inédit, l'imprévu, et, en définitive, avec la notion de liberté ... La nature essaie tout, ne se prive de rien, est boulimique d'expériences nouvelles ; s'il y a échec, elle repart 'bille en tête'... On a retrouvé la vivacité de l'aujourd'hui... Le sort du monde n'est pas entièrement contenu dans le présent... les 'aujourd'hui' sont des événements nouveaux, marqués par le passé, mais non déterminés par lui* ».

Cela permet à A. Gesché[17] de conclure : « *La science moderne, science des causes et des effets, fut un empressement d'arraisonner la nature ; 'science de l'ingénieur[18]', elle a fait des découvertes décisives, mais dans un contexte culturel qui devait conduire à voir le monde dans un décor déterministe, statique et répétitif, sans enchantement, où l'homme finit par se trouver, étrange et inintelligible, aux marges de l'univers (J. Monod)* ».

Et il poursuit *: « La science contemporaine nous offre une vision du monde toute différente de la science newtonienne. A travers diverses théories (structures dissipatives, chaos, bifurcation, catastrophes, variétés fractales ...), on s'aperçoit que la nature est douée d'une 'capacité d'invention', où une forme de créativité guide ce qu'on appelle ses 'décisions'* ».

3- **La science contemporaine a remis l'homme au cœur de sa démarche**.

Voici quelques expressions de ce passage explicité par des scientifiques d'origines variées :

- B. d'Espagnat, (physicien) : 'Bohr a défait ce que Copernic avait fait : il a replacé l'homme au cœur de sa représentation de l'univers'[19].

---

[16] Les citations de H. Reeves sont tirées du livre 'Malicorne', op. cit.

[17] A. Gesché, 'Dieu pour penser'. Tome IV, le Cosmos, Cerf, Paris, 1994, p. 18.

[18] L'expression est de Prigogine et Stengers op. cit..

[19] B. d'Espagnat, 'A la recherche du réel', cité dans 'le Monde' du 04/12/79.

- Dialogue entre Edgar Morin (sociologue) et H. Reeves (astrophysicien) [20]:

H. Reeves : 'Le postulat d'objectivité absolue n'est plus tenable ; on ne peut dissocier du résultat de l'observation la volonté de l'observateur quant à ce qu'il a décidé de mesurer. En d'autres mots, on ne peut pas penser l'univers sans faire intervenir celui qui le pense… Les lois de la physique décrivent beaucoup plus notre interaction avec le monde que le monde lui-même.

E. Morin : L'univers que nous connaissons, ce n'est pas l'univers sans nous, c'est l'univers avec nous… Les choses objectives sont inscrites dans des théories qui sont structurées et élaborées par nos esprits : on ne peut pas connaître un univers non humain. Notre connaissance la plus objective est aussi quelque chose d'humain, de culturel, d'inscrit dans un temps. .. On ne peut concevoir l'observation en excluant l'observateur ».

S. Hawking (astrophysicien)[21] : « Nous ne sommes pas des anges qui regardent l'univers de l'extérieur. Au contraire, nos modèles et nous-mêmes sommes des parties de l'univers que nous décrivons »

- Même écho chez François Jacob, prix Nobel de chimie[22] :

« Il y a à ce jour, une nouvelle manière d'envisager l'évolution de la biologie. : il ne s'agit plus de retracer la démarche assurée d'un progrès vers ce qui apparaît maintenant comme la solution, ni de retrouver la voie royale des idées… il est question, au contraire, de repérer les étapes du savoir, de déceler les conditions qui permettent aux interprétations d'entrer dans le champ du possible ; la progression est davantage dans la manière de regarder l'organisme, de l'interroger, de formuler les questions à quoi l'observation doit répondre ».

« Pour qu'un objet soit accessible à l'analyse, il ne suffit pas de l'apercevoir, il faut qu'une théorie soit prête à l'accueillir ; *c'est toujours elle qui engage la 1ère le dialogue ; c'est elle qui détermine la forme de la question, et donc les limites de la réponse* ».

« *La biologie, comme les autres sciences de la nature, ne cherche plus la vérité, elle construit la sienne* »

Et nous voilà aux prises avec le mot '**construire**'.

---

[20] Courrier du CNRS, nov. 1982, p. 8.
[21] S. Hawking, Brève histoire du temps, cité par J. d'Ormesson, 'c'est une chose bien étrange que le monde', R. Laffont, 2010, pp. 159 – 164. Cf. annexe 10.
[22] La Logique du Vivant, F. Jacob,

On rejoint là la thèse du livre de Gérard Fourez, jésuite belge, au titre si inspirant : 'La construction des sciences'[23], dont voici quelques extraits significatifs : 'Les sciences sont des constructions particulières propres à une civilisation donnée'. (Et non : les sciences permettent de découvrir la réalité telle qu'elle est). Ou encore : 'Les scientifiques 'construisent' des lois' (et non 'découvrent' des lois).

La citation suivante de H. Reeves constitue un excellent commentaire de cette approche :

« Avant, on disait : 'la vérité existe quelque part, indépendamment du monde physique et même de la pensée humaine : les scientifiques n'inventent pas la vérité, ils la découvrent'. Mais maintenant, au terme de *'découvrir'* on a substitué celui de *'construire'*, car, dans 'construire', on trouve :

○ 'Découvrir' : on construit à partir de quelque chose qui existe déjà.

○ 'Inventer' : la construction n'existait pas en tant que telle.

4- **Conséquences de ces déplacements pour la compréhension de notre rapport à la création :**

a)Les questions anciennes sur l'évolution passent au 2ème plan.

« La prise en compte de l'évolutionnisme risque de faire sourire bien des scientifiques, moins assurés de sa linéarité et du caractère nécessaire et en tout point progressif dont on le crédite, et dont certains aspects ne sont pas sans rappeler le vieux déterminisme de la science classique[24] ».

b) Si la nature est capable d'innovation, alors, le précepte de la Genèse peut s'interpréter, moins comme 'soumission' de la création à l'homme, que comme une demande qui lui est faite de 'mettre au monde une potentialité qui s'y trouve inscrite', demande qui pourrait se formuler ainsi : 'conduis ce monde, accompagne son inventivité, nulle violence n'est pour cela nécessaire'.

---

[23] G. Fourez, 'La construction des sciences. Introduction à la philosophie et à l'éthique des sciences, Editions Universitaires (France). De Boeck Université (Belgique), Collection Le Point Philosophique, 1988.

[24] A. Gesché, op. cit., p. 32. Cf annexe 3 sur le' Darwinisme aujourd'hui'

c) Si l'homme retrouve une place centrale dans la construction des lois, alors il devient possible d'interroger les scientifiques sur les programmes de recherche qu'ils se donnent ou qu'on leur donne. Car on sait mieux aujourd'hui que les progrès de la science ne sont pas ceux d'une raison pure qui avancerait d'elle-même selon une 'marche de vainqueurs' ('une voie royale des idées', disait F. Jacob ci-dessus), mais que ces progrès sont plus liés qu'on ne croit aux circonstances qui les ont vu ou fait naître : 'Plus jamais la rage !', et voilà Pasteur au travail ; ou encore : 'plus jamais de travail d'enfants dans les mines', et voilà K. Marx cherchant une théorie des rapports économiques, faisant de sa théorie une œuvre située dans son temps plus que le développement nécessaire d'une 'raison pure'.

Ici, plus précisément, voici comment pourrait être exprimée l'interrogation à ceux qui programment les recherches à des niveaux importants : 'Quel bien cherchez-vous à promouvoir par vos programmes de recherches ? A-t-il été réfléchi si ce bien était utile, important, voire prioritaire pour notre humanité ?' Cela suppose une réflexion préalable sur le sens des biens que nous cherchons et sur leur rang. Alors seulement pourrons- nous connaître les biens que la technologie doit servir, quels choix politiques doivent être faits, à quel prix, et quelles institutions sont requises pour leur mise en application.

De fait, résoudre la crise écologique ne se fera pas en bannissant la technologie, mais en l'orientant après une analyse sérieuse des besoins de l'humanité et l'établissement d'une hiérarchie de ces besoins. Dans cette perspective, le récent Grenelle de l'environnement en France a été une bonne démarche de fond, comme le forum sur la bioéthique.

Devant l'ampleur des questions, une gouvernance mondiale s'avère de plus en plus nécessaire, comme l'Eglise, parmi d'autres, le réclame depuis des décennies[25].

N.B. : Avec ce questionnement : '*Que cherchez-vous* ?', nous rejoignons un type d'interpellation qui revient plusieurs fois dans l'évangile (Jn 1,38 ; 18,4 ; 20,15).

Au plan personnel, on peut aussi encourager les scientifiques à s'interroger sur leur vison du monde, leurs solidarités. On retrouve ce lien dans le domaine de

---

[25] Réclamation reprise par Benoît XVI dans 'Caritas in Veritate' (2009) no 67, où sont évoqués quelques principes de réformes des organisations internationales. D. Innerarity préfère parler de 'gouvernance mondiale plutôt que de 'gouvernement mondial' (Conférence : 'Une politique de l'humanité est-elle possible ?' Avignon, mai 2010).

la foi : Pascal donnait le conseil suivant à une personne en recherche de Dieu : 'Travaillez à vous convaincre non pas par l'augmentation des preuves [de Dieu], mais par la diminution de vos passions'. Incontournable travail de l'homme _sur soi_, pas seulement sur les choses.

Limite inhérente à la démarche scientifique[26].

Selon le physicien S. Hawking[27], toute théorie unifiée possible « ne sera jamais qu'un ensemble de règles et d'équations. Qu'est-ce qui insuffle le feu dans ces équations et produit un univers qu'elles pourront décrire ? L'attitude habituelle de la science - construire un modèle mathématique – ne peut pas répondre à ces questions »…

Dans les années 1930, **Gödel,** physicien autrichien proche d'Einstein, avait énoncé un théorème peut-être le plus important du 20ème s : **'Il y a toujours , dans tout système mathématique, des formules qui ne peuvent être ni démontrées, ni prouvées'.** Une théorie physique se réfère à elle-même comme le théorème de Gödel. On peut donc s'attendre à ce qu'elle soit ou contradictoire, ou incomplète ».

Le monde inépuisable dont nous faisons partie, aucun ouvrage de génie, aucune théorie unifiée, aucune formule de l'univers ne sera jamais capable d'en livrer le secret dans sa totalité.

Dont acte. Faisons maintenant un détour par la philosophie.

---

[26] Selon J. d'Ormesson, 'C'est une chose bien étrange que le monde', R. Laffont, 2010, pp. 159-164.
[27] Dans 'Brève histoire du temps', cité par J. d'Ormesson, op. cit.

III- Regard philosophique.

Dans ce chapitre, nous allons utiliser le nom de 'Dieu'. Arrêtons-nous un peu sur ce nom.

On demandait à Einstein s'il croyait en Dieu. Il répond : « dîtes-moi qui est Dieu pour vous, et je vous répondrai si j'y crois ». Requête légitime, me semble-t-il, puisque 'Dieu, personne ne l'a jamais vu'. Qu'il soit donc clair que, dans ce chapitre, le nom de 'Dieu' désigne le Dieu des philosophes, c'est-à-dire ce que les hommes, par l'usage de leur raison, pense pouvoir dire du mystère de Dieu. Dans le passé, on a parlé, en milieu catholique, de 'preuves de l'existence de Dieu' ; aujourd'hui, on parle plus modestement de 'voies' pouvant conduire à une croyance en Dieu. Traditionnellement, on en désigne 3 : le spectacle du monde (la nature), le sentiment intérieur[28] (l'intériorité) et la foi des autres (la culture). A chaque 'voie', celui qui s'interroge est libre de donner son accord que cette voie conduit – ou non - à Dieu. les conséquences pour l'homme montrent que ces positions sont inégales :

°Le 'non' signifie que la confiance que je porte à la réalité est sans fondement. Malgré le sens partiel que je peux donner à ma vie, je dois tôt ou tard en reconnaître l'absence de sens.

°Le 'oui' à Dieu, par lequel l'homme se décide pour un fondement et un sens ultimes, apporte en retour une rationalité radicale au monde et procure à la vie son unité, sa valeur et son sens. Sans dissiper totalement le non-sens dû à la contingence du monde et à la faillibilité humaine, la foi en un fondement offre la

---

[28] St Augustin : « Tu nous a faits pour toi, Seigneur, et notre cœur est sans repos tant qu'il ne demeure en Toi »

certitude que le non-sens ou le sens perverti ne sont pas le dernier mot sur la destinée humaine[29].

Nous examinons, maintenant ci-dessous, de plus près, la voie de la 'nature'.

C. Tresmontant énonce une alternative claire : l'univers physique est seul ou il n'est pas seul :

« *Si l'univers physique est seul, de toute éternité et pour toute éternité, alors l'athéisme est vrai, pour nous tous, quelles que soient nos préférences ou répugnances qui n'ont rien à voir dans cette affaire. L'univers physique est bien de quelque manière : ou bien il est seul, ou bien il n'est pas seul. C'est une question de fait, et il existe donc bien, en ce qui le concerne, une vérité unique qui est la même pour tous. La vérité est ce qu'elle est ; elle peut être triste, comme le supposait Renan, mais ce qui est sûr est qu'elle ne dépend pas de nos caprices du moment[30]* ».

Evoquons, à présent, quatre réponses 'classiques' face au spectacle de la nature. L'univers est là, dans sa variété, sa beauté, sa complexité, son unité et aussi, parfois, son hostilité. D'où vient cet univers? A-t-il un auteur? Quatre réponses peuvent être données :

***1ère réponse:* "Cet univers a été créé".** (Religions révélées : judéo-christianisme ; Islam).

Dit autrement : 'Le monde a un Auteur, et cet Auteur n'est pas un élément du monde.'

On s'appuie sur les comparaisons simples suivantes:

- Quand on voit des traces sur le sable, c'est que 'quelqu'un' est passé. Qui est ce 'quelqu'un'? On ne peut pas répondre s'il ne se fait pas connaître.

- Si on voit tourner des aiguilles d'une montre, c'est que 'quelque chose' les fait tourner, car elles ne peuvent pas tourner par elles-mêmes. Quelle est cette 'chose'? Même réponse.

---

[29] M. Neusch, 'Aux sources de l'athéisme contemporain, Centurion, 1977, p. 301. On pourrait évoquer ici le 'Pari de Pascal'.

[30] C. Tresmontant, op. cit. pp. 545-546.

Voltaire a dit cela dans deux vers célèbres[31], St Augustin en termes plus chaleureux[32].

***2ème réponse:* "Cet univers est divin"** (hindouisme).

C'est le "panthéisme"; on identifie Dieu et le monde. Dieu et l'homme sont 2 formes du même être". A la fin de sa vie, l'homme se fond dans l'Absolu.

N.B. : Avec ces 2 réponses, on a les 2 voies principales rencontrées dans notre humanité : les religions 'prophétiques', majoritairement occidentales, et les religions 'mystiques', majoritairement orientales. Voici une présentation comparée de ces 2 voies (M. Langley, le livre des religions, Sator, Ebu, 1983) :

Religions occidentales: origine sémitique (judaïsme, christianisme, islam et ramifications ; prophétiques, mettant l'accent sur une révélation de Dieu à l'homme, extérieure, à l'esprit humain ; affirmation du monde, acceptation de la matière comme essentiellement bonne, et recherche de rédemption ou de transformation de ce monde pécheur.

Religions orientales: origine indienne (hindouisme, bouddhisme et leurs ramifications ; mystiques, mettant l'accent sur un recherche de Dieu par l'homme, dans le cheminement intérieur de l'esprit humain ; Refus du monde, la réalité étant essentiellement spirituelle, et libération de l'âme du cycle interminable de naissances et de renaissances auquel elle est assujettie dans ce monde.

Le cardinal Ratzinger – Benoît XVI a présenté une analyse pénétrante de ces 2 voies, et surtout, une manière selon laquelle elles peuvent dialoguer[33].

***3ème réponse:* "Je ne sais pas".** (Bouddhisme ; agnosticisme).

On pense qu'on est impuissant à répondre à cette question. En voici quelques motifs: Le caractère mystérieux de ce monde, ses contradictions (problème du mal physique et moral) ; une "certaine" modestie ; les mauvais exemples donnés par les croyants. Mais aussi, une certaine paresse, ou, plus grave, la crainte d'avoir à changer quelque chose dans sa vie.

---

[31] « Car pour moi, plus j'y pense et moins ne puis songer, que cette horloge marche et n'ai pas d'horloger ».

[32] Augustin interroge lune, soleil et astres : 'Etes-vous le Dieu que je cherche ?' Tous répondent : 'Non' ! 'Mais qui est-il donc ?' ' C'est lui qui nous a faits !' Conf. X,VI,9.

[33] 'L'unique alliance de Dieu et le pluralisme des religions', parole et Silence, 1999, ch IV, le dialogue interreligieux .

4ᵉᵐᵉ réponse: «Le dualisme ». (Manichéisme, cathares).

Le' dualisme' admet 2 principes irréductibles, opposés dès l'origine, celui du bien et du mal (3ᵉᵐᵉ s ap. JC). Il réapparaît au Moyen Age (11ᵉᵐᵉ s.) chez les Cathares. Le mal est identifié à la matière, dont l'homme doit se détacher pour s'unir à Dieu. St Augustin, qui a eu à faire face à cette doctrine, disait : 'Ils [les manichéens] préfèrent dire qu'il y a du mal en Dieu plutôt que de reconnaître qu'ils sont capables de faire le mal'. Cette doctrine réapparaît régulièrement sous des formes variées.

N.B. : **Et l'athéisme** ? C. Tresmontant développe longuement l'idée que l'athéisme n'est qu'une forme de panthéisme ; c'est assez provoquant ; est-ce largement accepté par la communauté philosophe ? Je ne sais pas. Voici un extrait de son argumentation : *« Selon la thèse de l'athéisme, on pense que seul l'univers matériel existe ; la pensée ne serait elle-même qu'une part de cet univers matériel. Si seul l'univers matériel existe, il n'a aucune relation de dépendance par rapport à un autre Etre. Il est donc l'Etre absolu. Il contient tous les caractères qu'on attribue à la divinité ; il est divin »*[34].

Il développe ce point avec des arguments très pointus que je laisse de côté d'autant plus volontiers que de tels arguments ont peu de chances de convaincre qui que ce soit. L'athéisme pratique ne repose pas sur de telles arguties, mais sur des motifs beaucoup plus existentiels, comme : 'la religion, opium du peuple' etc…

Le concept de 'Création'.

A l'origine du concept de création : lectures bibliques.

On quitte là le Dieu des philosophes pour le Dieu qui se révèle dans la Bible.

Le livre de la Genèse (Gn 1 et 2) est génial qui a dédivinisé le cosmos. Mais quel est son enracinement ?

D'abord vivre avec Dieu[35]. « Le peuple élu ne semble guère, dans ses débuts, s'être laissé impressionner par le spectacle grandiose d'un univers dont il aurait à trouver une cause. Il était occupé à vivre et à vivre avec son Dieu : ce qui l'entourait ne faisait qu'obéir à cette voix impérieuse dont dépendait son sort (Cf

---

[34] C. Tresmontant, 'Comment se pose aujourd'hui le problème de l'existence de Dieu', Seuil, Coll. Livre de Vie, 1971, p. 450- 470.
[35] E. Beaucamp, La Bible et le sens religieux de l'univers, Cerf, 1970, ch. 2.

le récit de l'Exode). C'est *peu à peu (env.600 ans)* qu'Israël prit conscience que le Dieu qui l'avait libéré, était le Maître de l'univers, Celui qui avait tout créé ».

 Partout où on évoque, dans la Bible, le fait de la création, on le met en relation avec un aspect particulier du drame du peuple élu. Ainsi, l'attribution, à Dieu, de la création vient au moment où le peuple élu est en exil à Babylone, loin de sa terre et où il désespère de son Dieu. Le 2nd Isaïe[36] vient lui dire : ' Courage, Israël, la fidélité de Dieu n'est pas celle d'un moment, elle s'inscrit jusque dans l'acte créateur de ce monde'. « Ce dont Israël eut conscience en 1er lieu, ce fut de son élection. L'idée de la création ne fit qu'en prolonger la résonnance jusqu'au plus lointain passé. Un seul et même dessein anime l'univers et l'histoire : *Le Dieu de l'univers a d'abord été le Dieu de l'histoire*».

Enoncé du concept.

« La doctrine judéo-chrétienne de la création maintient une distinction entre le Créateur et la réalité créée. A l'opposé du panthéisme, elle affirme que Dieu n'est pas identique au monde ; à l'opposé du dualisme, que Dieu n'est pas séparé du monde dont il serait l'antithèse. *La création reçoit de Dieu son existence. Elle n'est pas divine, mais n'en possède pas moins une intégrité qui lui est propre [37]*».

Voici un ***autre énoncé*** de ce concept [38]: « Le concept de création signifie que le monde ne se comprend pas comme 'possédé' par Dieu. Il implique que Dieu veut quelque chose de nouveau, de différent, qui a sa consistance propre, et a été voulu comme tel dans sa différence. Il donne un principe d'intelligibilité du cosmos, qui n'est pas celui d'une réduction à lui-même, à l'homme ou à Dieu ».

« Entre un monde inventé par lui-même, mais alors tautologique ; un monde tout à la merci de l'homme, mais alors aliéné ; un monde tout entier absorbé par Dieu, mais où alors ni le monde ni l'homme ne sont plus chez eux, se trouve une notion tierce, et qui, de surcroît, aurait le mérite de ne point porter préjudice aux justes légitimités des autres discours (autonomie du monde, liberté de l'homme, relation avec une transcendance) ».

---

[36] Is 40, 27 – 28 ; 44, 24s ; 51, 12-13.
[37] Mc Carthy, sj, Théologie et écologie, NRT, 130/3, juillet-sept. 2008, p. 553.
[38] A. Gesché, Op cit. , p. 13

Signification et intérêt du concept de création.

Le concept de création offre une occasion de respecter et d'*écouter le cosmos pour lui-même*, loin de toute maîtrise et exploitation.

Comprendre le visible par l'invisible ? Pourquoi pas[39] ? Un point de vue de transcendance, loin d'étouffer l'autonomie du cosmos, contribue à cette reconquête d'un rapport au cosmos qui ne soit plus celui de la possession et de la maîtrise. *La position d'une transcendance – d'un point de vue tiers – permet de soustraire la réalité à ma seule hégémonie.*

Objection à l'idée de création par Dieu : Le problème du mal.

Comte-Sponville, philosophe contemporain, agnostique déclaré, critique l'idée de création par Dieu. Voici son argumentation qu'il dit 'traditionnelle':

« *Pourquoi le monde ? L'existence de Dieu, loin de répondre à cette question, la rend plus difficile, du moins tant que l'on reste dans la logique de la joie pleine, de la perfection, de la puissance.*

« *Pourquoi Dieu irait-il créer quoique ce soit, puisqu'il est lui-même tout l'être et tout le bien possibles ? Comment rajouter du bien au bien infini, de l'être à l'Etre infini ? Créer n'a de sens dans cette logique de la puissance, qu'à condition d'améliorer, au moins un peu, la situation initiale. Mais c'est ce que Dieu, même tout-puissant, ne saurait faire puisque la situation initiale, étant Dieu lui-même, est absolument infinie et parfaite. .. Dieu, s'il veut créer, ne peut faire que moins bien que soi... Etant déjà tout le bien possible et ne pouvant, en conséquence l'augmenter, il ne peut créer que le mal ! De là, ce monde qui est le nôtre. Mais alors, pourquoi l'avoir créé [40]» ?*

Voilà un 'problème traditionnel' clairement posé, c'est le talent de cet auteur d'être clair. Que ce problème soit 'traditionnel', en voici pour preuve, cet écrit spirituel du 7ème s. :

« *A supposer que Dieu se soit interdit de créer à cause des douleurs qu'imposait le fini, le mal aurait été plus fort que Dieu dans sa bonté. Loin donc que l'imperfection du monde reflète une imperfection dans l'amour de Dieu, au*

---

[39] Les mathématiciens, dans l'impossibilité de résoudre un problème, 'inventent' des grandeurs 'irréelles' ('imaginaires') et parviennent parfois ainsi à la solution.
[40] A. Comte-Sponville, Petit Traité des Grandes Vertus, PUF, 1995, pp. 359-361.

contraire, Dieu atteint la perfection de l'amour à courir le risque du fini et ne pas reculer devant le drame à venir ».

St Jean Damascène.

Il est surprenant de voir Comte Sponville suggérer lui-même une solution qu'il va chercher chez la philosophe Simone Weil (1909-1943) :

« *Dieu a créé par amour, pour l'amour… »* Mais cet amour n'est pas un plus d'être de joie et de puissance. C'est tout le contraire : c'est une diminution, une faiblesse, un renoncement. Le texte le plus clair [de Simone Weil], le plus décisif est sans doute celui-ci :

« *La création est, de la part de Dieu, un acte non d'expansion de soi, mais de retrait, de renoncement. Dieu et toutes les créatures, cela est moins que Dieu seul. Dieu a accepté cette diminution. Il a vidé de soi une partie de l'être. Il s'est vidé dans cet acte de sa divinité… Il a permis d'exister à d'autre choses que lui, et valant infiniment moins que lui… Il s'est nié en notre faveur pour nous donner la possibilité de nous nier pour lui. Cette réponse, qu'il dépend de nous de refuser, est la seule justification à la folie de l'amour créateur ».*

Simone Weil poursuit en portant ce jugement audacieux, mais pertinent, sur les religions :

« *Les religions qui ont conçu ce renoncement, cette distance volontaire, cet effacement volontaire de Dieu, son absence apparente et sa présence secrète ici-bas, ces religions sont la religion vraie, la traduction en langages différents de la grande Révélation.*

« *Les religions qui représentent la divinité comme commandant partout où elle en a le pouvoir sont fausses. Même si elles sont monothéistes, elles sont idolâtres.*[41] (souligné par nous).

    A. Comte Sponville conclut : « C'est où on retrouve la passion, mais en un tout autre sens : ce n'est plus la passion d'Eros ou des amoureux, c'est celle du Christ et des martyrs. C'est où on trouve l'amour fou, mais en un tout autre sens : ce n'est plus la folie des amants, mais la folie de la Croix ».

---

[41] S. Weil, 'Attente de Dieu', Livre de vie, 1977, p. 106.

B. Agnostique, Comte Sponville, pour nous transmettre de si beaux textes ???...

« Cet amour, explique S. Weil, est le contraire de la violence. Et de citer Thucyde : 'Toujours, par une nécessité de nature, tout être exerce tout le pouvoir dont il dispose'... Mais Dieu, non : *autrement, il n'y aurait que Dieu, pas de monde.*

« Dieu s'est vidé de sa divinité', poursuit S. Weil, et c'est ce qui rend le monde possible... Le vrai Dieu est le Dieu conçu comme ne commandant pas partout où il en a le pouvoir... C'est ce qu'il y a de divin dans l'amour *:*

« *L'amour consent à tout et ne commande qu'à ceux qui y consentent* ».

Ces propos vigoureux de S. Weil sont-ils isolés ? On trouvera en annexe 8, un point de vue féminin, qui rejoint, d'une manière plus existentielle (expérience d'une naissance) les propos ci-dessus. A. Gesché reprend ce thème : « La création par laquelle Dieu a voulu autre chose que soi, est, bien avant l'Incarnation, la toute première manifestation de cette *kénose*[42], qui dit bien mieux l'être de Dieu que tant de spéculations sur la toute puissance et la causalité »... « Dieu ne fait plus appel à sa toute puissance. Il accepte qu'il y ait un autre, cette liberté qui va parfois le contredire. Il a voulu cet écart avec nous pour que la création ait un sens pour nous. ***La création est une kénose de Dieu*** *: celle d'accepter de n'être pas seul maître, tout puissant.* Comme si la création était la fin (terme et finalité) de la toute puissance de Dieu. Une toute puissance sans partage serait plus aisée[43].

Nous reviendrons sur ce point dans le ch. concernant Jésus-Christ.[44] Retenons que **sans une disposition à changer son idée sur Dieu**, le problème du mal ne reçoit pas de solution convaincante[45].

Conclusions sur le regard philosophique.

La philosophie reste garante du tissu humain qu'elle accompagne depuis les origines de l'humanité. C'est à elle que l'Occident s'adresse aujourd'hui

---

[42] Kénose = « anéantissement (Cf. Ph 2,7). Le mot exprime aussi l'idée de 'vacuité'. Si bien qu'on pourrait traduire : [Jésus] 'se vida lui-même' ».Dict. Encyclopédique de la Bible, Brepols, 2002, art. 'kénose'.
[43] A. Gesché, op. cit. p.56
[44] Cf ci-dessous, Ch 4, texte de Zundel, p. 20
[45] Voir en annexe 7 §1, un autre regard sur cette objection.

majoritairement pour éclairer les questions de notre temps. La fermeture, ou, à tout le moins, la réticence de cette philosophie à la transcendance reste, pour moi, une énigme : qu'avons-nous fait, nous, les croyants, pour avoir suscité une telle allergie à ce qui devrait au contraire stimuler la philosophie? Pourquoi une telle fermeture sur 'l'humain', comme si, laissés à nous-mêmes, nous avions fait nos preuves ? Dans ce chapitre, nous avons donné des références de réflexions actuelles sur la création, selon lesquelles l'ouverture à une transcendance, aide non seulement à comprendre la création mais aide aussi à nous situer de manière juste par rapport à cette création, ce qui est important en ces temps de crise écologique. Il me semble que, si les philosophes veulent contribuer durablement à ce débat, ils devront abandonner l'image d'un monothéisme strict et fermé, et se laisser interroger par le Dieu que nous révèle Jésus-Christ. Pour cela, ils devront se confronter au mot **'kénose'** qui est sans doute aujourd'hui le plus apte à nous introduire au mystère non seulement de la personne de Jésus-Christ, mais au mystère de Dieu en lui-même et, de là, à celui de la création. Comte Sponville a indiqué la voie, mais ne semble pas s'y être lui-même engagé à ce jour. Pourtant, nombre de théologiens contemporains se réfèrent à cette kénose pour aborder les questions les plus diverses comme celles de la mission[46] ou du dialogue interreligieux[47].

De ce regard philosophique, retenons donc seulement l'option raisonnable de croire en un Auteur de la création, autre que cette création. Elle est raisonnable en ce sens qu'elle offre un principe d'intelligibilité du cosmos qui ne soit pas celui d'une réduction à lui-même, à l'homme ou à Dieu, qu'elle permet de prendre une distance par rapport à cette création, évitant de la réduire à un chantier à exploiter, et laissant la possibilité de la recevoir comme un don ; raisonnable aussi dans son aptitude à répondre au problème du mal, à condition de changer l'idée que les philosophes se font de Dieu, ne prenant pas au sérieux le Dieu révélé dans la Bible.

C'est vers le Dieu révélé en Jésus-Christ que nous nous tournons maintenant.

---

[46] M. Pivot, 'Mission, dialogue et kénose', Assises pastorales Européennes, mai 2003, disponible chez l'auteur.

[47] Cardinal Ratzinger, Benoît XVI, 'L'unique alliance de Dieu et le pluralisme des religions, op. cit., ch IV, 'Le dialogue interreligieux : la foi chrétienne et les religions mystiques', §2 *La kénose de Dieu, lieu où les religions peuvent se rapprocher'*.

IV - Connaître Jésus-Christ.

'D'abord, vivre'.

La recommandation donnée au moment d'aborder l'Ancien Testament[48] est encore valable : d'abord vivre, et ici, vivre avec le Christ. Entrer dans sa connaissance en lisant les évangiles pour eux-mêmes, sans a priori, en s'étonnant de son humanité, de la pertinence de ses conseils de vie donnés 'avec autorité', en s'approchant des communautés qui se réclament de lui.

On trouvera dans 'Approches du Christ' de J. Daniélou, des indications spirituelles éclairantes. En voici un extrait, tiré du dernier chapitre 'le Maître intérieur' :

« Dieu prend l'âme encore engagée dans ses habitudes charnelles. Il communique son Esprit qui amène l'âme à aimer les choses spirituelles. Peu à peu les déformations font place à la croissance de l'homme spirituel. L'âme s'habitue de vivre avec le Christ : <u>l'expérience la convainc que celui-ci mérite la confiance...</u> Plus l'âme avance, plus l'action du Christ croît, et plus l'action de l'âme diminue : correction des défauts, volonté active, puis simple consentement. L'âme instruite, purifiée est introduite chez le Père : entièrement fixée dans le bien elle est entièrement libre. <u>Rien ne limite la pure activité de l'amour : celle-ci est sa propre fin.</u> C'est le terme de l'œuvre du Christ : chercher des libertés pour les conduire au Père ».

Chaque génération offre le témoignage de la variété des chemins suivis pour atteindre le Christ. Qu'il nous suffise d'évoquer des personnalités contemporaines aussi diverses que Jean-Claude Guillebaud, Eric Emmanuel Schmitt, Didier Decoin, et bien d'autres.

---

[48] Cf ci-dessus, ch.3, 'A l'origine du concept de création'.

'Jésus n'est que'… La liste est innombrable de ceux qui disent : 'Jésus n'est qu'un sage, prophète, maître spirituel'… Voici, à titre d'exemple, quelques passages de ce qu'en dit le Coran :

« Jésus n'est qu'un serviteur auquel Nous avons accordé Notre faveur et que Nous avons proposé en exemple aux Enfants d'Israël » (53,59).

« O gens du Livre [i.e. les chrétiens], ne dépassez pas la mesure dans votre religion… Le Messie, fils de Marie, est le prophète de Dieu, sa Parole, qu'il a jeté en Marie, un Esprit émanant de Dieu… Le Messie n'a pas trouvé indigne de lui d'être le serviteur de Dieu. Le Messie, Fils de Marie, n'est qu'un prophète. Des prophètes sont venus avant lui ». (4, 171-172).

Les musulmans ne sont pas les seuls ; les juifs aussi, ainsi que certaines hérésies du début du christianisme, comme l'arianisme, n'admettent pas la divinité du Christ, 'scandale pour les juifs, folie pour les peuples païens' (1Co, 1, 23)

Aujourd'hui, le débat est relancé dans le cadre du dialogue interreligieux où les grandes religions questionnent les chrétiens sur l'unicité et l'universalité qu'ils attribuent à l'événement Jésus-Christ.[49]

L'Eglise me paraît être plantée au sein de l'humanité pour lui dire : 'ne réduisez pas le don de Dieu' !

'La jeunesse est le temps des illusions car elle s'imagine les choses infiniment *moins belles* qu'elles ne sont'(P. Claudel). On pourrait ajouter : à ce titre, une bonne part de l'humanité, et, même sans doute bien des chrétiens, sont encore dans l'illusion de la jeunesse ! Le christianisme ne fait que commencer, disions-nous….

On se souvient des propos de Newton qui voit 'la réalité [du monde physique] comme un immense océan encore entièrement inexploré'. Concernant Jésus-Christ, st Jean de la Croix développe la comparaison d'une mine[50] :

« Malgré tous les mystères et toutes les merveilles que les saints docteurs et les saintes âmes ont pu contempler ici-bas, la plus grande partie en reste encore à dire et même à concevoir. Ce qui est dans le Christ est inépuisable ! C'est

---

[49] Voir J. Dupuis, 'Vers une théologie chrétienne du pluralisme religieux', Cerf, Cogitatio Fidei, 200, 1997. Et du même auteur : 'Homme de Dieu et Dieu des Hommes', Introduction à la christologie', Cerf, 1995.

[50] St Jean de la Croix, 'Le Cantique Spirituel', Livre des Heures, t. 1, Lecture du 14 septembre.

comme une mine abondante remplie d'une infinité de filons avec des richesses sans nombre ; on a beau y puiser, on n'en voit jamais le terme ; bien plus, chaque repli enferme ici et là de nouveaux filons à richesses nouvelles ; ce qui faisait dire à st Paul du Christ : 'Dans le Christ se trouvent tous les trésors de la sagesse et de la connaissance de Dieu (Col 2,2-3)' ».

St Jean de la Croix poursuit en évoquant le chemin pour atteindre à cette sagesse, selon son itinéraire propre : un extraordinaire amour de la Croix :

« L'âme qui désire vraiment la sagesse désire aussi vraiment entrer dans les profondeurs de la Croix, qui est le chemin de la vie. Mais peu y entrent. Tous veulent entrer dans les profondeurs de la sagesse, des richesses et des délices de Dieu, mais peu désirent entrer dans la profondeur des souffrances endurées par le Fils de Dieu : on dirait que beaucoup voudraient être déjà parvenus au terme sans prendre le chemin et le moyen qui y conduit ».

Aujourd'hui, le débat sur Jésus-Christ doit faire face à des requêtes nouvelles. Il y a 50 ans, environ, la réflexion devait répondre à l'objection suivante : 'Oui à Jésus-Christ, non à l'Eglise.' Aujourd'hui, le débat s'est déplacé sur la personne même de Jésus : 'Oui à Jésus de Nazareth, sa vie humaine, sa sagesse, son enseignement, mais nombreuses interrogations à propos du culte qui lui est rendu'.

De fait, de nombreuses études sont publiées ces temps-ci pour rendre compte des origines du christianisme. Je lis, dans la recension d'un livre qui vient de paraître[51], une formulation des questions auxquelles l'auteur tente de répondre : « Comment Jésus est-il devenu objet de foi et de culte ? Quand et comment ce pas, d'une portée considérable dans l'histoire, a-t-il été franchi ? En quels termes et dans quelles pratiques a-t-on vénéré l'homme Jésus en unité avec le Dieu unique[52] ? »

Les catholiques ne sont pas les seuls à examiner leurs origines. Bien d'autres auteurs se sont engagés dans ce créneau porteur.

---

[51] 'Le Seigneur Jésus-Christ, la dévotion envers Jésus aux premiers temps du christianisme', L. W. HURTADO, Cerf, 2009, 790 Pages. L'auteur est professeur de Nouveau testament à l'université d'Edimbourg, directeur du Centre d'études des origines chrétiennes.
[52] La recension est signée Charles DELHEZ, sj, dans 'Dimanche Express', no 22, 7 juin 2009, Edn de Bruxelles.

G. Mordillat et J. Prieur[53] sont présentés ainsi au dos de leur livre : « écrivains, cinéastes, auteurs de la célèbre série d'émissions *Corpus Christi* (1997) sur la chaîne Arte, qui leur inspira le livre bestseller *'Jésus contre Jésus' (Seuil, 2004)*. Leur nouvelle série d'émissions sur la naissance du christianisme a inspiré cet essai sur *Jésus après Jésus* ».

Floraison d'études historiques, donc. Mais nombreuses études théologiques et spirituelles sur la divinité de Jésus-Christ, où on trouve de grands noms : K. Rahner, B. Sesboüé, J. Daniélou, M. Zundel, M. Henry. De nombreux chemins ont été balisés. Impossible de tous les parcourir. Je retiens 2 contributions :

-**B. Sesboüé** rappelle que les origines du culte de Jésus remonte à Jésus lui-même, en particulier à ses 4 prétentions: il pardonne les péchés ; il 'corrige' la Loi de Moïse, prendre position vis-à-vis de lui, c'est prendre position vis-à-vis de Dieu, et enfin, prétention la plus impressionnante : avoir une relation absolument originale avec le Dieu de l'AT qu'il appelle 'son Père', et dont il se proclame 'le Fils' d'une manière tout à fait originale[54].

Il faut prendre les fondateurs de religion comme sincères : ni Mahomet, ni Bouddha n'ont eu de prétentions comparables à celles de Jésus : Jésus se trompe-t-il ? Nous trompe-t-il ? La force de son témoignage humain, sa vérité, comme celle de si nombreux chrétiens qui ne trichent pas, voilà ce qui nous autorise à répondre négativement.

B.Sesboüé[55] présente aussi la réflexion de K. Rahner sur la question de savoir comment l'union de l'homme et de Dieu a pu devenir une expérience concrète dans l'existence de Jésus. Il prend la comparaison de toute croissance humaine :

« Un bébé ne peut pas encore se servir du langage ; mais la conscience de son identité humaine est déjà présente en lui, comme enfouie dans un pôle originel... En grandissant, il prendra conscience qu'il est un homme et il n'aura pas trop de sa vie pour approfondir cette expérience.

---

[53] G. Mordillat et J. Prieur, 'Jésus après Jésus, l'origine du christianisme', Seuil, 2004, 390 p. Sur 380 pages de textes, on ne compte que 60 notes en bas de page, soit environ une note toutes les 6 pages, prenant en compte des études antérieures. Il y a, certes, en fin de texte, une liste de 100 références bibliographiques, mais sans lien précis avec les thèses – audacieuses - avancées dans l'ouvrage. Le lecteur appréciera.

[54] On trouvera dans 'Paroles du Christ' de Michel Henri, Seuil 2002, ch. 4, 5 et 6 une pénétrante étude sur les paroles du Christ affirmant sa condition divine, et, dans les ch. 6 et 8, la légitimation de ces paroles.

[55] B. Sesboüé, 'La théologie au 20ème s. et l'avenir de la foi', DDB, 2007, ch 4.

« Même processus pour Jésus : véritable petit enfant, Verbe qui ne parle pas, il n'a aucune conscience claire de son identité. Mais, au plus profond de sa conscience, il sait qu'il est un homme comme chacun de nous ; il sait aussi qu'il est au regard du Père cet homme unique qui est son Fils en un lien unique. Sur le fond de cette conscience originelle, il va prendre conscience de lui-même au cours de son enfance. Cette conscience prendra une forme objective dans son langage. Toute sa vie, Jésus approfondira dans sa conscience humaine l'expérience fondamentale de sa filiation divine, jusqu'à la vivre en son sommet dans la remise de lui-même au Père sur la croix.

« Cette approche est-elle confirmée par l'évangile ? Lc 2,49 : à 12 ans, la relation unique est déjà là. Jésus a reçu une éducation juive, a lu les psaumes, et a donc pris conscience qu''il appartenait au peuple juif, comme un autre enfant. Mais en même temps, il avait au cœur de sa conscience la certitude d'une relation tout à fait originale avec Dieu son Père… Il n'y a pas de moment précis identifiable comme le commencement de cette relation : elle est de toujours à toujours. Tout au long de son existence, Jésus exprime en son langage, actualise dans sa prière, et thématise en une connaissance de plus en plus réfléchie cette relation originelle qu'il a avec son Père. Sa prière reste un mystère pour nous : le 'Notre Père' est une prière enseignée, non sa prière personnelle. Seule prière personnelle connue : à l'agonie, où il exprime sa relation intime avec le Père en disant 'Abba !'

« Savoir ce qu'on peut expérimenter quand on est Fils de Dieu, nous dépasse totalement, mais K. Rahner nous permet d'avoir un minimum de représentation de la chose de manière raisonnable et authentiquement humaine ».

Voyons maintenant du côté de **Zundel,** un maître spirituel du 20ème s[56] :

« Pour échapper à toute déformation, la révélation divine devra se faire jour dans une humanité capable de communiquer Dieu dans une pure transparence sans la limiter.

« Dieu est comme un poste émetteur en perpétuelle diffusion. Jésus est le récepteur parfaitement accordé à l'émetteur. *Son humanité est radicalement désappropriée de soi, et c'est exactement ce que signifie la divinité de JC.*

---

[56] M. Zundel, 'VIVRE DIEU' L'art et la joie de croire, Presse de la Renaissance, Paris, 2007, 2ème partie : 'Dieu relation à l'autre', pp. 130-196.

« La divinité de JC n'est pas l'exaltation d'un homme dans une espèce d'apothéose dans un ciel imaginaire, mais une présence de Dieu à travers une humanité tellement vidée de soi qu'elle ne peut plus opposer à la lumière de Dieu aucune espèce d'ombre et de limite.

« La divinité suscite dans cette humanité un accueil total qui répond à la pauvreté divine et fait de Jésus le révélateur unique de cette pauvreté dans ses paroles et dans son être même. Dans cette humanité de JC, dépouillée d'elle-même, qui ne témoigne que de Dieu, Dieu va apparaître comme celui qui n'a rien et qui donne tout.

« Le lavement des pieds (Jn 13) est l'offrande agenouillée de l'amour, dont la source est le cœur même de Dieu, car Dieu n'a pas d'attirance pour soi, il est tout élan vers l'autre : du Père vers le Fils, du Fils vers le Père dans l'unité du St Esprit. En Dieu, cette liberté infinie fondée sur le don éternel de soi se communique à nous avec la même générosité.

« Au plus profond de nos cœurs, Dieu ne cesse de nous attendre pour nous transformer en lui. Jésus veut nous conduire vers ce Dieu là, mais pour que l'homme découvre ce Dieu, il faut qu'il naisse de nouveau, qu'il consente à l'amour, qu'il se donne à Dieu comme Dieu se donne à lui.

« Le germe qui éclot dans le sein de Marie est cette nouvelle créature qui n'était pas, qui commence d'exister, qui est vraiment créée par la sainte Trinité, qui est comme toute créature limitée et qui le sera toujours, qui ne sera jamais Dieu. L'humanité de Jésus Christ n'est pas Dieu, mais elle est unie à Dieu comme son vrai moi.

« Quand on a compris que le triomphe de Dieu c'est le don de son amour, et que l'amour est impossible si on ne fait pas le vide en soi, alors, on comprend que la divinité n'a pu devenir une présence réelle dans l'histoire humaine que dans une humanité vide, évacuée de soi qui laisse Dieu dans son dépouillement, sa pauvreté, sa charité, s'exprimer en lui sans rencontrer aucune frontière ni aucune limite.

De Jésus à la Trinité.

Revenons à Sesboüé. « La porte d'entrée du mystère de la Trinité, c'est Jésus-Christ. En lui seul la Trinité est accessible. Du Père, du Fils et du St Esprit, en tant que personnes divines, nous ne savons quelque chose que par la figure et le comportement de Jésus-Christ. Car il est communément admis que si Dieu se manifeste à nous comme Père, Fils et Esprit, il faut qu'il y ait en lui-même quelque chose qui soit Père, Fils et Esprit. Si son unité était pure solitude, sa manifestation en 3 noms nous tromperait, nous resterions à la porte du mystère de Dieu. C'est en distinguant les 3 personnes en un Dieu unique que l'histoire de Dieu avec l'homme accède à sa vérité.

« Prenons un autre point de départ : 'Dieu est amour' (1Jn 4,8). Comment Dieu peut-il être 'amour' sans connaître lui-même la présence d'un autre ? Pour aimer, il faut avoir un autre à aimer : un homme aime une femme, les parents aiment leurs enfants…

« Dieu est amour en lui-même, et pas seulement par rapport à nous : Dieu s'aime lui-même en tant que Père, Fils et Esprit. Chaque personne de la Trinité ne vit que par le mouvement qui la donne totalement aux autres. La plénitude de chaque personne est en même temps pauvreté totale. « La plus grande richesse qui existe- la nature divine - est possédée sous la forme d'un échange et d'un don constant. »

Quelle Bonne Nouvelle pour ceux qui cherchent 'la plus grande richesse que nous pouvons rencontrer en ce monde'! Ils n'ont pas à se fatiguer pour accumuler des biens et, avec ces biens, des soucis ; il leur suffit de chercher en eux-mêmes et d'entrer dans ce mouvement – les mystiques parlent de danse de la périphérie vers le centre ('périchorèse') - de don et d'échange ! Dieu, dit st Augustin est 'plus intime à nous-mêmes que notre propre intimité'. Eh bien, ami lecteur, cherchez donc dans votre intimité !

Il nous faut voir maintenant en quoi cette révélation sur Dieu apportée par Jésus-Christ change notre regard sur la création.

V – Regard chrétien sur la Création

Ce n'est pas parce qu'il avait besoin de quelqu'un que Dieu a créé Adam,
C'était pour avoir quelqu'un en qui déposer ses bienfaits.
St Irénée

Une approche classique et fructueuse d'un regard chrétien sur le mystère de la création consiste à le relier aux autres mystères de notre foi : Incarnation, Rédemption et Résurrection, Trinité. On trouvera en annexe 7 une présentation récente de cette approche. Nous souhaitons cependant présenter ici une autre approche consistant à s'interroger sur l'origine et la finalité de la création, à partir de ce que nous en dit la Bible.

De fait, la tradition chrétienne ne nous laisse pas démunis sur la question de l'origine du monde : les 2 1ers ch.de la Genèse lui sont consacrés, et il revient à chaque génération chrétienne de se les approprier, compte tenu de sa culture propre. On en trouvera, en annexe 5, une interprétation récente, publiée sous le titre si inspirant : 'Gn1 et la vocation scientifique de l'homme'.

Toutefois, la démarche consistant à partir d'une réflexion sur la finalité de la création nous paraît porter en elle davantage de promesses, pour les raisons suivantes :

° Elle évite de s'orienter vers une fixation sur les origines et le principe de causalité dont nous avons décrit la limite à la fin du ch. 1.

° Elle permet de s'enraciner non seulement dans un texte, mais aussi, inséparablement de ce texte, dans une histoire, celle des 2000 ans du peuple hébreu (d'Abraham à Jésus).

° Elle conduit au Nouveau testament et aux 2000 ans d'histoire du peuple chrétien.

° Elle permet de répondre au questionnement suivant[57] : *'A-t-on donné une réponse satisfaisante à la question de savoir pourquoi il y a un monde, si on dit qu'au-delà du monde il y a un créateur intelligent ? A cette question, nous répondons : non, le fait que le monde soit porté par une Source intelligente n'est pas une réponse suffisante à la question de savoir pourquoi le monde existe ; On ne rend pas compte du monde si on ne peut pas nommer un but pour le monde. Il faut pouvoir dire pourquoi il est bon que le monde existe'.*

C'est donc vers cette finalité que nous nous tournons, suivant en cela la démarche proposée par Cl. Tresmontant. On trouvera en annexe 4 l'exposé de cette démarche dont nous reprenons ici les points principaux :

Tresmontant propose de partir de ce qui peut être observé par tout un chacun, faisant ainsi droit à une démarche de type scientifique et il questionne : « *Existe-t-il, au sein de l'humanité, une possibilité de connaître l'avenir de la création, sa finalité ultime ? Il faudrait regarder de près et voir s'il n'existe pas, dans l'histoire humaine, une sorte de lignée germinale qui porterait en elle une information touchant précisément l'avenir de l'humanité et de la création : c'est de ce côté-là qu'il faudrait se tourner[58]* ».

Voilà une perspective frappée de bon sens et apte à parler à un esprit scientifique. La suite fait appel à la foi, Tresmontant proposant de voir cette lignée germinale dans le fait hébreu rapporté dans la Bible et que l'on peut dater de 4000 ans. Il poursuit : « *Si on objecte que le fait hébreu est vraiment trop petit pour présenter un intérêt, je réponds que lorsque la vie est apparue sur la terre, les 1ers organismes étaient aussi très petits... Les grandes créations commencent par de petits germes* ».

Selon lui, ce fait constitue, dans l'histoire de l'humanité, une 'lignée germinale' qui porte en elle une information concernant l'avenir de l'homme et de la création[59]. Cette information se trouve dans la partie Ancien Testament de la Bible, dont le peuple juif, encore présent parmi nous, atteste l'authenticité. Au cours de 2000 ans d'histoire tourmentée, la conviction du peuple élu se fait jour peu à peu. Cette conviction ne dit pas : 'plus on avance, plus on se rapproche de

---

[57] R. Jahae, 'Rapport entre foi chrétienne et sciences modernes de la nature', doc. catho. mars 2009, p. 298.

[58] Cl. Tresmontant, problèmes de notre temps, Œil, 1991, p. 528.

[59] Ce fait ne devrait pas nous étonner. Il est conforme à cette affirmation du prophète Amos : « Dieu ne fait rien qu'il n'en ait auparavant révélé le secret à ses serviteurs les prophètes » Am 3,7. Cf Jn 16,13.

Dieu', mais elle exprime l'inverse : 'plus on avance, plus le terme du parcours s'éloigne et apparaît comme inaccessible. Alors naît peu à peu la conviction qu'il y aura une nouvelle Alliance, avec une nouvelle création. Le cœur de l'homme, 'malade', 'de pierre', sera changé en cœur 'de chair'. L'homme 'ancien', le' vieil homme' sera changé en 'homme nouveau'. La création elle-même sera renouvelée. Jésus-Christ, par son Incarnation, son enseignement et surtout sa mort et sa résurrection est celui par qui la nouvelle création se réalise. Il est le 1ᵉʳ né de cette nouvelle création, uni à Dieu dès le 1ᵉʳ instant de sa conception.

Tresmontant se situe dans ce que l'on connait de l'évolution du créé[60] :

« La finalité de la Création procède par étapes, depuis environ 20 milliards d'années. Le peuple hébreu est une étape dans l'histoire de la Création, avec la création d'un nouveau type d'humanité. Le Fils de l'homme (Jésus) est l'Homme nouveau et véritable, le Germe que Dieu visait depuis les origines de la Création. Par lui, avec lui, en lui, par son enseignement, et surtout par sa mort et sa résurrection, Dieu réalise son œuvre suprême, la création de l'homme nouveau et véritable, uni à Dieu, sans mélange ni confusion depuis le 1ᵉʳ instant de la création de son âme humaine créée avec le consentement de Marie, qui a été préparée pour consentir à ce que cette œuvre suprême soit réalisée en elle ». La finalité de la création, c'est le Christ, la raison d'être de la création, c'est lui, le sens de la création, c'est lui.

Application à notre situation actuelle.

Il semble y avoir un large accord pour dire que l'homo sapiens sapiens – que nous sommes actuellement selon notre propre terminologie, bien que nous ne soyons pas si 'sapiens' que cela[61] ! - n'est pas le terme de l'évolution. Certains pensent à une évolution ultérieure où l'homme pourra influer sur sa direction : redoutable responsabilité ! Sur quels critères, et avec quelle autorité mondiale ? (Voir en annexe 4 la note en bas de la p. 40 référant à un article de P. Ariès sur le transhumanisme). En proposant d'identifier *l'homo sapiens sapiens* au *'vieil homme'* ou *'l'homme ancien'* dont parle st Paul, nous permettons à tout le développement doctrinal de st Paul, du NT et de la tradition de l'Eglise relatif au 'passage' ('conversion') de l'homme ancien à

---

[60] Cl. Tresmontant, 'la finalité de la création, le salut et le risque de perdition', François-X. de Guibert, Paris 1996.
[61] 'sapiens' est un mot latin signifiant 'sage'.

l'homme nouveau, de s'inscrire dans l'histoire de l'humanité en *lui révélant sa destinée qui est bien supérieure à tout ce que le cœur de l'homme pourrait imaginer.*

Jésus n'est pas venu pour nous dire qu'il était Dieu, mais pour être Fils de Dieu parmi nous et nous ouvrir le chemin pour que nous puissions le devenir, par adoption, avec notre consentement. Devenir fils de Dieu, c'est entrer dans ce foyer éternel d'amour qu'est la Trinité qui nous comble de joie : telle est notre destinée que les mystiques expriment en formules audacieuses :

« Le moindre degré de grâce vaut plus que toutes les richesses de l'univers[62] ».

« Le plus petit mouvement de pur amour est plus utile à l'Eglise que toutes les autres œuvres réunies[63] ».

Si la vie dans la grâce est hautement désirable, en quoi cela concerne-t-il l'univers créé ? C'est là que l'affirmation : **'la grâce suppose la nature',** vient apporter une contribution décisive.

Cette affirmation représente une des grandes affirmations de la tradition catholique. On la retrouve dans ce propos de st Irénée *'Ce n'est pas parce qu'il avait besoin de quelqu'un que Dieu a créé Adam, c'était pour avoir quelqu'un en qui déposer ses bienfaits (sa grâce)'.* Le cosmos offre à l'homme des *'structures d'accueil de la grâce'.* On dit même davantage : la grâce *'parfait'* la nature : elle y déploie donc des virtualités qui s'y trouvent déjà.

Voici 3 exemples de cette jonction entre nature et grâce :

1er exemple : temps et éternité. Notre temps (chronos) est capable de temps éternel, temps de Dieu. Le temps de grâce (kaïros), est cette visite du temps d'éternité faite au temps du cosmos lui évitant de s'achever en course de mort. : *« Le 6ème mois, un ange fut envoyé … »* (Lc 1,26), *« Quand l'heure fut venue… »* (Jn 12,22 ; 4, 23 ; a contrario : Jn 7, 6) ; (cf. 2Co 6,2).

2ème exemple : aptitudes à aimer : « Nous avons reçu de Dieu, avant tous les commandements, la force et la capacité de les accomplir… Il en est ainsi pour la charité : en recevant de Dieu l'ordre d'aimer, *nous avons reçu* dès notre origine

---

[62] JMB Vianney curé d'Ars, Pensées, présentées par l'abbé Naudet, DDB, 7ème édition, 1986, p. 64

[63] St Jean de la Croix, cant. spirituel, explication str 29, cité par ste Thérèse de l'Enfant Jésus, Lettre à Marie du Sacré-Cœur.

l'aptitude à l'aimer. Chacun peut l'apprendre en lui-même : nous n'avons pas besoin qu'on nous apprenne à aimer nos parents, nos proches, et c'est spontanément que nous accordons la bienveillance à ceux qui nous font du bien. Or, y a-t-il chose plus admirable que la beauté divine [64]» ?

3ème exemple : la résurrection. C'est ce corps-ci qui ressuscitera. Nous ne recevrons pas un autre corps. C'est ce corps-ci qui, comme il en est du grain de blé, germera dans la vie à venir, car il en a la semence. Le corps a un germe de gloire, non pas caché dans le ciel, mais dans la terre (c'est le 'corps semé' qui ressuscite), il se trouve ici-bas, dans le cosmos. Le corps de cette terre a une structure résurrectionnelle.

Ces structures témoignent que le monde est construit pour un destin, un salut, un accomplissement ; C'est là qu'il nous livre ***son plus intime secret : nous sommes des êtres de destinée, non des êtres de « simple morale ».***

Il nous faut une terre éblouie de son destin divin : demeure de l'homme, mais aussi demeure du Verbe (Parole, Sagesse) de Dieu. La création n'est pas un simple fait, mais une terre de destinée théologale, œuvre de salut divin, promesse d'éternité. Il faut rendre à l'homme le nouveau rêve d'une destinée commune avec le Logos ; Aménager cette terre en demeure de l'homme, mais aussi en demeure du Logos.

Ces fondements étant posés, nous souhaitons, à présent, en venir à notre responsabilité proprement chrétienne de sauvegarde de la création qui s'appuie sur le Prologue de st Jean : 'Le Verbe s'est fait chair'. Le mot 'Verbe' traduit le terme grec 'Logos', sur lequel il nous paraît opportun de nous arrêter ici encore, afin de faire le lien avec les philosophes grecs.

Le Logos : Luc Ferry[65] écrit que ce terme, directement emprunté aux stoïciens, réfère à l'organisation jugée rationnelle, belle et bonne de l'ensemble de l'univers. Pour eux, le divin se confond avec cet ordre cosmique universel. Avec le christianisme, le divin change de sens : il n'est plus une structure impersonnelle, mais une personne singulière, Jésus, l'Homme-Dieu.

---

[64] St Basile, Livre des Heures, lecture mardi 1ère semaine.
[65] Luc Ferry, Apprendre à vivre, Traité de philosophie à l'usage des jeunes générations, p. 74s.

Luc Ferry montre l'écart considérable - voire scandaleux – que pouvait représenter pour les stoïciens le fait d'attribuer le titre de Logos à un homme, fût-il exceptionnel, comme Jésus.

 St Augustin, témoin historique de ce passage, l'a exprimé en termes saisissants[66].

L'Ancien Testament avait donné naissance à des 'catégories' qui viendront enrichir ce thème du Logos : la Parole de Dieu, la Sagesse de Dieu. Si bien que 'Logos' pourra se traduire selon les cas : Verbe, Parole ou Sagesse de Dieu.

En régime chrétien, le Logos n'est pas un concept ; c'est une parole qui nous atteint ici même. Ste Thérèse d'Avila donne des critères pour la discerner des autres paroles : cf. annexe 6.

Venons-en à notre responsabilité chrétienne de sauvegarde de la création.

Notre responsabilité chrétienne de sauvegarde de la création.

Sauvegarder la terre, c'est littéralement : *garder ce qui est sauvé*. Quel est le sens de 'sauver' ?

L. Ferry[67] : salut = ' le fait d'être sauvé, d'échapper à un grand danger'. Lequel ? La mort, la finitude. Selon LF, la philosophie se distingue de la religion dans la manière de concevoir le salut : un salut *par soi-même,* selon la philosophie, un salut *par un Autre,* selon les religions. Luc Ferry fait une petite histoire des

---

66 « *Il me tomba entre les mains quelques livres des philosophes platoniciens dans lesquels je lus, non pas en mêmes paroles, mais dans un sens tout semblable appuyé d'un très grand nombre de raisons, 'que le Verbe était dès le commencement... que le Verbe de Dieu, qui est Dieu, est cette lumière véritable qui éclaire tout homme venant en ce monde'...Mais je n'y lus pas 'que le Verbe étant venu chez soi, les siens ne l'ont pas reçu, et qu'il a donné le pouvoir d'être faits enfants de Dieu à tous ceux qui l'ont reçu et ont cru en son nom'. J'y lus aussi que 'ce Verbe qui est Dieu n'était pas né de la chair ni du sang, ni de la volonté de l'homme, mais de Dieu' mais je n'y lus pas que 'le Verbe a été fait homme et a habité parmi nous'. Je trouvai dans ces mêmes livres que 'votre Fils est éternel comme vous ; qu'il subsiste avant tous les temps et au-delà de tous les temps d'une substance immuable, que les âmes ne sont heureuses que par les effusions qu'elles reçoivent de sa plénitude'. Mais 'qu'il soit mort dans le temps pour les pécheurs, que vous n'ayez pas épargné votre Fils unique, et que vous l'ayez livré à la mort pour les hommes, je ne le vis point dans ces livres, d'autant que vous avez caché ces mystères aux sages de ce monde, et les avez seulement révélé aux petits' (Mt 11, 25)* ».   St Augustin, Confessions, 7,9.

67 Luc Ferry, id. pp. 15 et 48.

doctrines de salut en commençant par le stoïcisme qui, historiquement, sera supplanté par le christianisme : chez les stoïciens, « la mort est conçue comme un passage d'un état à un autre au sein d'un cosmos divin et stable. » Viendront, par la suite, d'autres formes de salut (par la génération, par des idéaux…).

Les raisons proprement chrétiennes de sauvegarde de la création[68].

-La terre est notre demeure : la médiation entre les hommes passe par le cosmos où chacun, étant d'abord chez soi (pour être), peut alors sortir pour rencontrer l'autre. Nous n'avons pas été créés sans feu ni lieu ; Le cosmos m'offre cet espace où je puis 'me retrouver' (Ps 113,24 (ou 113B, 16; Is 45,18).

-La terre *est aussi demeure du Logos divin :* Et cela à 4 titres :

1- Dès avant la fondation du monde : la Sagesse de Dieu est déjà 'intéressée' à ce monde des hommes, dans lequel elle se trouvera chez elle tout autant qu'elle se trouve auprès de Dieu[69]. Le cosmos a par lui-même et pour lui-même, dès avant l'homme, et donc indépendamment de lui, une finalité, un sens. Il est créé ordre et intelligence, bien planté et construit ; il est fondé (Ps 88, 12), déployé avec intelligence (Jr 10,12). Il n'est pas simple socle en attente de ce qui lui donnerait sens[70]. Dès **avant** l'avènement de l'homme, le cosmos a sa 'logicité', son indépendance. Créé *ex nihilo*, il vient d'ailleurs et non de nous. Il ne nous a pas attendus, ni pour être créé, ni pour être sensé.

2- Au titre de la création : C'est ce que révèle l'expression propre au NT : *'Par qui tout a été fait'* (Jn 1,3,10 ; 1Co 8,6 ; Col 1, 15-20 ; He 1,2…) : le monde, créé par la Parole, a été fait avec intelligence et raison [71] (Ps 135,5).

---

[68] Nous suivons d'assez près le développement de A. Gesché, sous le même titre, op. cit., ch 3, p. 83s.

[69] Pr 8, 22-31 « *Dieu m'a créée [Sagesse créatrice], prémices de ses œuvres, avant ses œuvres les plus anciennes. Dès l'éternité je fus établie, dès le principe, avant l'origine de la terre… Quand il traça les fondements de la terre, j'étais à ses côtés comme le maître d'œuvre, je faisais ses délices, jour après jour, m'ébattant tout le temps en sa présence sur la surface de la terre et trouvant mes délices parmi les enfants des hommes* ».

[70] Majorer l'idée du cosmos, 'socle anthropique' pourrait être un nouvel avatar d'anthropocentrisme.

[71] 'Gn1 et la vocation scientifique de l'homme', J.P. Sonnet, sj, NRT 2009 ; cf.extraits de cet article en annexe 5.

3- Au titre de l'Incarnation. Le Verbe est venu <u>*chez lui*</u> (Jn 1,11). La création exprime le désir en Dieu d'avoir la capacité de résider un jour sur cette terre qui est sienne comme elle est nôtre.

4-Au titre de la fin des temps. La terre est, jusqu'au bout, lieu de Dieu, demeure où agit son Logos 'dont le règne n'aura pas de fin'.

Si la terre est ainsi *demeure du Logos,* c'est pour cette raison que nous, chrétiens, avons à sauvegarder cette terre.

Le chrétien préserve, pour le bien de tout homme, cette terre de présence et de rencontre de Dieu : *terre de communion où Dieu nous partage sa vie et sa présence.* C'est là, la fonction spécifique qui revient au chrétien : <u>***L'homme garde ce que Dieu sauve.***</u>

Science et foi aujourd'hui.

Devant la complexité du monde, hommes de foi et hommes de science sont devenus modestes[72]. Paraphrasant Pascal, on pourrait dire : 'Un peu de science éloigne de Dieu, beaucoup de science *rend modeste* ». On retrouve ici la modestie de Newton évoquée au début de ce chapitre. Par ailleurs, sous la pression des 'maîtres du soupçon', du laïcisme, et aussi de la complexité de la réalité, les hommes de foi, eux aussi, sont devenus modestes.

Dès lors, sur ce fond commun de modestie, le dialogue entre hommes de science et hommes de foi peut reprendre à frais nouveaux, d'autant plus qu'il est généralement admis que chacune des 2 démarches ne fait que commencer.

---

[72] Les scientifiques ont poussé la modestie jusqu'à reconnaître les limites incontournables inhérentes à leur propre méthode : cf p. 23.

VI - Regard franciscain.

« Si nous ne nous sommes pas faits nous-mêmes, alors ce n'est pas une effusion de personnification poétique que de s'adresser au soleil, la lune, le feu, la terre et toutes créatures animées ou non, comme ses frères ou sœurs : c'est la simple vérité »

K.R. Himes, ofm US[73]

On trouvera dans l'excellent petit livre de M. Hubaut et J. Bastaire[74], une approche de ce thème. Je voudrais ici, présenter quelques réflexions connexes puisées dans 2 livres édités par la famille franciscaine américaine (USA)[75].

Les Nord- Américains (USA) ont conscience de partir de plus loin que nous pour la cause écologique quand ils comparent avec l'Europe, qui ne vit pas si mal, leur consommation, d'énergie et leur poids de déchets par habitant. Ils ont conscience aussi que, s'en prendre à 'l'american way of life', ne sera pas chose aisée et qu'il y faudra de fortes motivations et un fort désir de conversion face à de nombreuses résistances. Voici quelques sujets abordés dans ces livres.

I- Thèmes de réflexions.

I-1 François d'Assise, patron des écologistes. Origines.

Un texte de nature historique donne des informations, peu connues me semble-t-il, sur la proposition initiale de prendre François d'Assise comme patron des écologistes. Je présente ce texte librement.

La proposition de prendre François d'Assise comme modèle a été faite par un scientifique américain, Lynn White, professeur d'histoire médiévale dans

---

[73] Franciscan theology of the environment, D.M. Nothwehr, osf, p. 352

[74] M. Hubaut et J. Bastaire, Approche franciscaine de l'écologie, édns franciscaines, 2007, Préface JM Pelt.

[75] 'Care for Creation, a spirituality of the earth' I. Delio , ofs K.D. Warner, ofm, P. Wood, St Anthony Messenger Press, Cincinnati, Ohio, 2007.
Et: 'Franciscan Theology of the Environment, An Introductory Reader, Sister D.M. NOTHWEST, Osf, Franciscan press, Quincy University, IL 62301, USA, 2002.

plusieurs grandes universités américaines (Stanford, Princeton, UCLA), dans un article paru dans la prestigieuse revue Science, en 1967[76].

Au début de son article, Lynn White, s'en prend à la tradition judéo-chrétienne, pensant que cette tradition a incité à l'exploitation du monde naturel, et cela pour les raisons suivantes :

- La Bible affirme la domination de l'homme sur la nature (Gn 1, 28 : remplissez la terre, soumettez-la, dominez sur les poissons, les oiseaux, … tous les animaux).

- Elle fait une différence entre l'homme (formé à l'image de Dieu) et le reste de la création qui n'a ni âme, ni raison et se trouve donc dans un statut inférieur.

Un accroissement de science et de technologie, poursuit-il, n'aidera pas à résoudre la crise écologique ; ce sont les idées fondamentales sur le rapport entre l'homme et la nature qui doivent changer. Il faut abandonner les attitudes supérieures, méprisantes qui nous font user de cette terre pour nos plus petits caprices. Il en vient alors à suggérer d'adopter François d'Assise comme modèle pour promouvoir une 'démocratie' de la création dans laquelle toutes les créatures seraient respectées et l'autorité de l'homme sur la création serait délimitée[77]. Cet article célèbre, souvent cité, a donné naissance à de nombreuses réponses.

1- Les critiques de cet article ont porté sur les points suivants :

- Il ne faut pas faire du seul verset de Gn 1, 28 un pont surchargé d'interprétations sans les mettre en vis-à-vis avec d'autres textes de la Bible traitant du rapport homme / création.

- Une étude exhaustive sur l'interprétation historique de Gn 1,28 a montré qu'à aucun moment, ce verset n'a été interprété pour justifier l'exploitation de l'environnement de manière égoïste[78]…

---

[76] L. White, « Les racines historiques de notre crise écologique », Science, 155, 1967, 1203-07. On trouvera dans Google, sous ce titre, de nombreux commentaires de cet article.
[77] Pour voir la mention de François d'Assise, ajouter ce nom au titre ci-dessus dans la recherche Google.
[78] Etude de J Cohen, citée dans 'Théologie et écologie', J.Mc Carthy, NRT 130 (2008) p. 552.

Plus récemment, une attention nouvelle portée au contexte immédiat des 2 récits de la création dans le livre de la Genèse, fait apparaître une relation homme/ création qui n'est pas celle d'une 'gestion', voire d'une 'soumission', mais davantage de 'compagnonnage'. Dans cette perspective, le verset central n'est plus Gn 1,28, mais Gn 2, 18 : *Il n'est pas bon que l'homme soit seul*. C'est la raison pour la création des bêtes sauvages et des oiseaux (Gn 2,19).

Aujourd'hui, ce thème du 'compagnonnage' a été noyé dans celui de 'l'intendance', de la 'gestion'. Il faut le retrouver : Il implique une mutualité ; il exclue la réduction de l'un ou l'autre côté de la relation à un outil en faveur des buts de l'autre.

2- **Au sujet de sa proposition de prendre François d'Assise comme modèle** pour une 'démocratie' de la création, Jean-Paul II y donna suite 12 ans plus tard, le 29 novembre 1979, présentant au monde catholique, et à tous ceux qui voudront l'accepter, st François d'Assise comme 'patron des écologistes' en y ajoutant ses propres motivations.

I-2 Sens de sa fraternité avec les créatures.

Voici un autre texte qui présente une idée revenant fréquemment dans le livre, qui est celle de notre *parenté (en anglais :' kinship') avec la création.*

1- Pauvreté et fraternité.

On connaît le goût de st François, le 'Poverello', pour la pauvreté.

Mais de quelle pauvreté s'agit-il ? La règle de vie des frères franciscains précise qu'ils ne doivent 'rien avoir *en propre'* ; c'est différent de ne *'rien avoir du tout'*, ce qui serait une chimère. L'accent est mis sur le lien entre *avoir et fraternité* : nous ne possédons rien 'en propre', toutes nos ressources sont mises en commun, à charge, pour chaque frère, de 'faire connaître ses besoins' à la communauté.

« Il faut aller plus loin sur le sens de la pauvreté. L'insistance franciscaine est fondée sur une conviction : 'Toutes les créatures sont unies dans la profondeur de leur être, par le fait même d'être créatures'. Quand on comprend que la source et le fondement de notre être ne sont pas en nous-mêmes, alors, on se connaît soi-même comme vraiment pauvre. Etre pauvre, en son sens fondamental est une définition, pas une description. La vraie pauvreté, la pauvreté en esprit, est la réalisation qu'il n'y a aucune raison pour son être

propre. Dans cette pauvreté fondamentale, il y a égalité. La personne humaine ne peut pas revendiquer une qualité d'être plus intrinsèque qu'une plante, un animal, une pierre ou une étoile ».

Ceci n'est en aucune manière dénier le rôle unique que la personne humaine joue dans la vision chrétienne : à la lumière de l'Incarnation, ce rôle est d'une extraordinaire dignité. Mais le rôle donné à l'humanité est souverainement don de Dieu, comme est le rôle de toute autre créature. L'homme est celui à qui, dans la création, la plénitude du don de Dieu peut être communiquée. Mais la personne humaine a été créée comme telle.

La doctrine (biblique) de la création ex nihilo ne dit pas 'comment' l'univers vient à être, mais 'pourquoi'. C'est la réponse chrétienne à la question que Heidegger voyait au début de toute métaphysique : 'pourquoi y a-t-il quelque chose plutôt que rien ?' Si la question cherche une raison à l'intérieur de l'être -même, elle est condamnée à rester sans réponse. Cette doctrine insiste sur la pauvreté fondamentale de l'univers : l'univers n'a pas de motif intrinsèque pour exister.

2- Pauvreté et Fraternité avec toutes les créatures[79]

Si nous ne nous sommes pas faits nous-mêmes, alors ce n'était ni un acte de dénigration de soi, ni une effusion de personnification poétique que de s'adresser au soleil, la lune, le feu, la terre et toutes créatures animées ou non, comme ses frères ou sœurs ; c'était la simple vérité…

Nous avons là la meilleure manière de retrouver le thème du compagnonnage de la Genèse, et c'est ce que la tradition chrétienne a de mieux à offrir dans l'actuelle crise écologique globale : la découverte que 'chaque créature, y compris soi-même, est un effet de l'amour de Dieu qui donne d'être à toutes choses', **cette découverte fournit le fondement le plus profond pour le respect de la création.** *Une telle vision exige une reconnaissance de la pauvreté de son être propre – pour beaucoup, trop dur pour être vrai – et la joyeuse acceptation de l'amour qui supporte notre être propre – pour beaucoup, trop beau pour être vrai -.*

II- Propositions d'animation.

Les 2 sources présentent également un souci de pédagogie et d'animation des groupes dont notre mission franciscaine nous rend

---

solidaire ou, plus simplement de groupes auxquels nous appartenons par ailleurs (école, paroisses, mouvements d'enfants, jeunes ou adultes). Voici 4 propositions d'animation :

1° Calculer notre émission de carbone, personnelle et/ou communautaire[80] (famille, communauté) et, bien sûr, suivre l'évolution de cette émission au cours du temps.

2° Méditation guidée. Il s'agit, par cette méditation, de réaliser le degré de solidarité (parenté) que nous avons avec l'ensemble de la création (cf ; annexe1).

3° Expérimenter la biodiversité[81] : la référence donne 3 exemples, pas très convaincants.

4° Pratique d'une éco-pénitence : conversion en action.

Une saine spiritualité de la création n'est pas suffisante pour changer le comportement humain. Il faut changer le cœur humain, et, pour ce faire, la prescription de François est de faire pénitence. Cette éco –pénitence est à la fois une attitude intérieure et une pratique. Elle promeut une cohérence entre les valeurs que nous attribuons à la création et notre conduite envers elle. Elle inclue un sens de responsabilité pour les impacts de notre style de vie, de celui de notre société, et devrait conduire à des efforts pour réduire les effets négatifs que nous avons sur d'autres formes de vie. On pourrait imaginer une démarche pénitentielle durant l'Avent ou le Carême, encadrant une action locale de propreté de l'environnement.

---

[80] Care for creation, op. cit. pp. 210-211. Les taux de Les taux de conversion traduisant les consommations d'essence, d'électricité, de gaz naturel et/ou de fuel lourd en quantités de CO_2 émises sont disponibles par Google : 'Conversion de kwh en kgs de CO_2, EFN – CO_2 calculator, en cache.

[81] Franciscan Theology of the environment, op. cit., pp. 383 - 387

CONCLUSION

'Plus on s'approche de Dieu, plus on se simplifie[82]'

Nous voici au terme de cet ouvrage. Il a donné lieu à des propos serrés afin de respecter les méthodes des disciplines traversées. Nous souhaitons conclure d'une manière plus simple et plus libre sur le thème 'Amour et Création'. Poètes, philosophes, hommes de lettres, mystiques se sont fait l'écho, avec talent, du lien qu'ils éprouvent entre amour et création en dehors d'une référence à la foi chrétienne. Ecoutons-les évoquer notre humanité :

° Les 2 voies, selon J. d'Ormesson[83].

« Ce monde inépuisable, il n'existe que 2 voies pour en rendre compte : l'art et la science ; d'un côté : peintres, musiciens, poètes, romanciers, philosophes, mystiques ; de l'autre : astronomes, physiciens, biologistes, mathématiciens…La poésie est la voie sinon la plus aisée, du moins la plus répandue. Il est même superflu de s'évertuer à écrire des poèmes, essais, romans : **l'amour**, qui est la poésie même, **suffit à donner sens à sa vie.** Chaque **amoureux a, dans l'amour, le sentiment, de posséder le monde entier à travers l'être aimé. La clé du royaume lui est livrée. Il ne se pose plus de questions. Inutile de chercher plus loin. Toute la beauté de l'univers lui est révélée ».** (C'est nous qui mettons en caractère gras).

° Paul Eluard.

Tu es venue, j'étais triste, c'est **à partir de toi** que **j'ai dit 'oui' au monde, et la terre** et les hommes **ont changé de sens** (poème pour Elsa).

° Michel Serres :

Voici la fin d'une recension de son livre : 'Le temps des crises' faite par Charles Delhez, sj, et parue dans le journal belge 'Dimanche', fév. 2010, p.2 :

---

[82] Parole d'une carmélite à Ste Thérèse de l'Enfant Jésus que ste Thérèse a transcrite dans ses manuscrits autobiographiques, Livre de Vie 7-8, 1957, p.177.

[83] 'C'est une chose bien étrange que le monde', J. d'Ormesson, R. Laffont, 2010, pp. 159 – 164.

« Le livre [de M. Serres] se termine par le souhait d'une réforme de l'entendement. Il faut changer l'arme méchante : l'intelligence. Michel Serres annonce un nouveau livre où il abordera les _connaissances_ douces (en lien avec l'amour), _appelées à remplacer les dures_ qui détruisent notre habitat depuis la révolution industrielle et même l'âge de pierre ».

° St Maximilien Kolbe, franciscain polonais (+ en 1941 en camp de concentration où il a donné sa vie en échange de celle d'un père de famille) : _« Seul, l'amour est force de création »._

L'amour de Dieu dans l'éternité[84]

En reconstituant l'histoire terrestre du Christ, les 3 évangélistes, Mt,Mc,Mc se sont arrêtés à sa naissance, de Marie ;l'évangéliste Jean, quant à lui, fait un grand bond en arrière, du temps à l'éternité : « Au commencement était le Verbe ».

Il fait de même à propos de l'amour. Les autres évangélistes, ainsi que Paul, ont parlé de l'amour de Dieu qui se manifeste dans l'histoire et culmine dans la mort du Christ ; Jean, lui, remonte au-delà de l'histoire. Il ne nous présente pas seulement un Dieu qui _aime,_ mais un 'Dieu qui _est_ amour' (1Jn 4,10). « Si, dans toutes les pages de l'Ecriture, écrit st Augustin, il n'y avait que cette seule parole, _que Dieu est amour,_ nous ne devrions demander rien de plus ». Toute la Bible ne fait que « raconter l'amour de Dieu ». C'est la nouvelle qui soutient et explique toutes les autres. On discute à n'en plus finir, et cela ne date pas d'aujourd'hui, pour savoir si Dieu existe ; mais _la chose la plus importante n'est pas de savoir si Dieu existe, mais s'il est amour._ Si, par hasard, il existait mais n'était pas amour, il y aurait bien plus à craindre qu'à se réjouir de son existence, comme cela a été le cas dans divers peuples et civilisations. La foi chrétienne nous garantit justement ceci : Dieu existe **et** il est amour !

Un peu de philosophie…

Lorsque l'amour source, se déploie dans le temps, on a l'histoire du salut. La première étape est la création. L'amour est, par essence, diffusion de soi, c'est-à-dire qu'il tend à se communiquer ». Puisque « l'agir suit l'être », Dieu étant amour, crée par amour. « Pourquoi Dieu nous a-t-il créés ? » : c'est la deuxième

---

[84] Le texte qui suit a été pris sur Zénit au 1er trimestre 2011. Source 'romaine' (P. Cantalamessa ?)

question du catéchisme d'autrefois, et la réponse était : « Pour le connaître, l'aimer et le servir dans cette vie et pour jouir de lui pour toujours dans l'autre vie, au Paradis ». *Réponse irréprochable, mais partielle.* Elle répond à la question sur la cause : « dans quel but, pour quelle fin Dieu nous a-t-il créés »; elle ne répond pas à la question sur la cause causante : « *pourquoi nous a-t-il créés ?* Quelle raison l'a poussé à nous créer ? ». A cette question, *on ne doit pas répondre : « pour que nous l'aimions », mais « parce qu'il nous aimait ». « **Etre, c'est être aimés** » : c'est le principe de la métaphysique chrétienne, selon G. Marcel.*

Selon la *théologie rabbinique*, « *le cosmos est créé* non pour que s'y multiplient les astres et tant d'autres choses, mais *pour que s'y trouve un espace pour l''alliance'*, pour le 'oui' de l'amour entre Dieu et l'homme qui lui répond ». ***La création est en vue du dialogue d'amour de Dieu avec ses créatures.***

Combien, sur ce point, la vision chrétienne de l'origine de l'univers est loin de celle du scientisme athée ! Une des souffrances les plus profondes pour un jeune, est de découvrir un jour qu'il est venu au monde par hasard, qu'il n'a pas été voulu, ni attendu. Un certain scientisme athée semble s'appliquer à infliger ce type de souffrance à l'humanité tout entière.

Et de mystique…

Personne ne saurait mieux nous convaincre du fait que nous sommes créés par amour que sainte Catherine de Sienne dans son ardente prière à la Trinité.

« Comment se fait-il, Père éternel, que vous ayez créé votre créature ? [...]. Le feu de ta charité t'a contraint. Oh amour ineffable, bien que dans ta lumière tu aies vu toutes les iniquités que ta créature devait commettre contre toi, infinie bonté, tu as fait comme si tu ne le voyais pas, mais tu as posé ton regard sur la 'beauté' de ta créature, de laquelle tu t'es énamouré - et lui as donné l'être à ton image et ressemblance. »

« L'amour, voilà la réponse de la foi chrétienne à la question originelle de l'homme : 'pourquoi existe-t-il quelque chose plutôt que rien ? Nous existons, la terre et l'univers existent par l'amour et pour l'amour »[85].

---

[85] Lettre pastorale des évêques suisses, doc. catho. no 2420, 15 mars 2009.

ANNEXE 1 – REALISER LA DIVERSITE ET L'UNITE DE LA CREATION MEDITATION GUIDEE[86]

Trouvez une position confortable et fermez vos yeux ; Portez votre attention sur la respiration et laissez votre corps se relaxer. Parcourez votre corps, votre cœur et votre esprit. Sans jugement, remarquez où vous êtes aujourd'hui. Laissez-vous aller de toutes les activités que vous avez faîtes et des choses encore à faire ; installez-vous dans le moment présent.

° Remarquez le **poids de votre corps** sur la chaise ou le sol. Des parts de votre corps pèsent plus lourdement que d'autres. Imaginez chacun de ces points de contact se détendant un peu et se mélangeant à la terre. ***Pause 1.***

° Sentez la solidité de la terre et la façon selon laquelle elle vous tient ; Relaxez-vous en cela, laissant la gravité vous aider à tourner votre tension sur la terre. Comme la terre absorbe votre tension et que vos muscles se détendent, sentez la gravité agir sur vous et vous tenir en sécurité contre la terre. Sentez votre proximité et votre connexion avec la terre, qui nous tient proche, comme une mère, à travers son attirance gravitationnelle. Chaque planète et étoile, chaque humain et animal, pierre, arbre et plante, molécule et atome sont attirés l'un l'autre à travers cette force basique qui lie l'univers entier comme une grande famille cosmique. Ecoutez votre cœur qui bat et détendez-vous encore dans cette solidité. Nous sommes appelés à marcher légèrement sur notre planète, toujours supportés par notre maison Terre créée pour nous soutenir à chaque instant. ***Pause 2.***

°Portez votre attention à votre **respiration**. Remarquez-la simplement, sans besoin de la changer de quelque façon. Quand votre esprit s'égare, gentiment ramenez-le à la respiration, le laissant se reposer là. Laissez votre esprit rester passif et cependant alerte quand votre corps commence à se détendre. ***Pause 3.***

° Prenez conscience que votre respiration arrive par elle-même. Même si vous n'en êtes pas conscient, l'Esprit de Vie souffle à travers vous à chaque moment de votre vie. Prenez du temps à nourrir une conscience de ce miracle de la respiration. ***Pause 4.***

---

[86] Dans 'Care for creation', a Franciscan spirituality of the earth, I. Delio, K.D. Warner, St Antony Messenger Press, Cincinnati, Ohio, USA, 2007, pp. 56 à 60. Traduction: F. Fine.

° Prenez conscience de l'air qui s'échappe de votre respiration, s'éloignant de vous pour remplir le ciel entier, se joignant aux grands vents qui entourent notre planète. Des océans aux déserts, du vent au dessus des prairies alpines, notre demeure terre est rafraîchie par cet air donneur de vie, qui se déplace à travers sa surface en courants de vent et de conditions atmosphériques. Notre fine couche d'atmosphère protège miraculeusement la fragilité de vie sur cette planète. *Pause 5.*

° Cet air précieux nous connecte les uns les autres à travers le globe et à travers les âges. Le même air que nous respirons a été respiré par nos ancêtres ; il continuera à circuler jusqu'à ce que nos enfants, petits enfants… le respirent aussi dans leurs poumons, de telle sorte qu'eux aussi soient remplis de vie. *Pause 6.*

° Représentez-vous **le soleil** où qu'il soit dans le ciel. Chaque matin notre planète se tourne vers le soleil, s'imprégnant de sa chaleur et tétant son énergie de vie ; à chaque seconde, notre grand et généreux soleil offre 4 millions de tonnes de lui-même, transformés quotidiennement en lumière, et énergie libérées pour l'usage de toute forme de vie sur terre. Les plantes vertes ont évolué pour prendre cette énergie du soleil et la convertir en nourriture et énergie pour elles-mêmes. En faisant ainsi, les plantes nourrissent toute vie sur cette planète, rendant cette énergie disponible comme nourriture aux humains et autres mammifères. Toute vie dépend de l'énergie et toute énergie a le soleil comme sa source ultime. Fêtons le miracle de notre frère Soleil, dont l'énergie donneuse de vie circule aussi dans nos propres corps : réchauffant nos cœurs, allumant nos rêves, et alimentant notre travail dans le monde. *Pause 7.*

° Portez votre attention à l'élément **'eau'** dans notre planète, maison bleue-verte : les grands océans qui couvrent 2/3 de sa surface, les courants d'eau, rivières et lacs. Imaginez aussi les énormes montagnes et glaciers couverts de neige qui tiennent notre eau en réserve pour nous, la relâchant lentement dans le temps pour l'usage de tout être vivant. Imaginez aussi les montagnes de glace qui refroidissent les pôles et jouent un rôle clef dans la circulation de l'eau et l'air à travers la planète. Le cycle de l'eau tire toute cette eau dans notre atmosphère, la faisant circuler à travers le monde, apportant les pluies qui nourrissent toute forme de vie. Cette eau compose 70% de nos corps et se trouve dans toute cellule, notre sang et nos larmes. *Pause 8.*

Etonnons-nous de cette merveille de l'eau et laissons-nous impressionner par l'extraordinaire hospitalité de notre planète terre. ***Pause 9.***

Asseyez-vous quelques instants en silence, vous reposant dans l'expérience de cette méditation, avec un cœur reconnaissant pour tout ce qui nous a été donné.

Ramenez votre attention à votre respiration, restant là quelques temps, et quand vous êtes prêts, ouvrez les yeux. Vous pouvez alors méditer, par exemple, sur le texte ci-dessous :

> *« S´émerveiller de l'extraordinaire complexité de la nature, de son incroyable précision, de ses stupéfiantes possibilités. Et, par dessus tout cela, s'émerveiller de ce que la nature époustouflante de grandeur, de force, d'ingéniosité, soit compréhensible, et saisissable rationnellement.*[87]

> *« L'émerveillement porte spontanément au respect, sans qu'il soit besoin de morale. Par la connaissance, nous débouchons sur la reconnaissance... L'environnement devient une composante majeure de notre joie de vivre et d'agir. Impossible alors de nous comporter en ignorant nos impacts sur le monde. Impossible de gâcher ce trésor qui nous environne et nous constitue ».*

> *In 'Un développement en beauté' de J-L. M. Lagardette*[88].

---

[87] « Ce qui est incompréhensible, c'est que le monde soit compréhensible. » Albert Einstein.
[88] Texte pris dans une rubrique du site 'cdurable.info ' en 2008.

ANNEXE 2. LES ACQUIS SCIENTIFIQUES DU 21ème s. SUR LA CREATION.

Nous présentons ci-dessous, assez librement, ce qu'un 'honnête homme' du début de ce 21ème s. a assimilé par son parcours de formation générale, ses lectures et le dialogue avec son entourage.

° **Le 'Big Bang'** des origines est confirmé par plusieurs voies indépendantes [89] et largement admis.

° **Jusqu'où ira l'expansion ?** C'est une question 'ouverte'. Il n'est pas possible, à l'heure actuelle de prolonger la courbe d'expansion commencée : a-t-on une parabole ou une ellipse ? Dans le 1er cas, l'expansion est partie pour être infinie ; dans le 2ème, elle s'arrêtera à un moment pour revenir à l'état initial ('Big Crunch'). Mais lever cette incertitude nécessitera encore quelques milliards d'années…

° **Qu'y avait-il avant le Big Bang** ? Impossible de répondre par la physique classique : les conditions sont si extrêmes qu'aucune loi de la physique connue ne s'appliquent. Bien sûr, certains essaient de percer le mystère, de reculer la limite. Les frères Bodganov [90] se sont penchés avec sérieux sur la question (post doctorats aux USA), et proposent de dire qu'avant le Big bang, il y avait … de *l'information*. Peut-être. 'Au commencement était le Verbe', nous dit st Jean (Jn 1,1).

° **Le monde a une histoire** : H. Reeves dit que c'est là 'la découverte la plus importante du 20ème s. Au cours de cette histoire, l'homme émerge lentement. Il prend peu à peu une stature droite (homo erectus). Dans le même temps, son cerveau se développe, devient de plus en plus complexe. Tout se passe comme si l'évolution travaillait dans deux directions :

- L'expansion de l'univers avec la formation d'une multitude de galaxies.

- La complexification du cerveau. On a même comparé le nombre d'étoiles de notre galaxie avec le nombre de synapses dans notre cerveau. Cette complexification a donné naissance à un être capable de devenir conscience de l'univers, de se dresser en face de lui et de lui poser la question fondamentale : pourquoi ? Pourquoi existe-t-il quelque chose plutôt que rien ?

---

[89] H. Reeves, 'Patience dans l'azur', Seuil, 1981
[90] I. et G. Bodganov, 'Avant le Big Bang : la création du monde' poche, 2006.

° **Le principe anthropique**[91].

° L'univers *'savait-il'* que l'homme allait venir ? Cette question est débattue sous le concept de 'principe anthropique'. Voici une présentation et une justification de ce principe contesté par certains scientifiques aujourd'hui :

« Imaginez que vous avez la responsabilité de concevoir un univers en vue du développement de la vie. Vous devez prendre certaines décisions.

a) Pour commencer, quelle violence donnerez-vous à votre Big Bang ? Vous pouvez avoir le sentiment, par ex., que le Big Bang actuel a été un peu excessif, si le but était simplement de produire des formes de vie :

- Si vous faîtes votre Big Bang un peu moins violent, la gravité mutuelle opérant entre les galaxies … amènera ces galaxies à un Big Crunch, dans un temps plus court que les 12 milliards d'années requises à l'évolution pour produire l'humanité.

 - Le danger peut alors vous pousser à aller dans l'autre sens, et faire votre Big Bang un peu plus violent que l'actuel. Les gaz vont alors sortir du Big Bang si vite qu'ils n'auront pas le temps de se collecter pour former des débuts d'étoiles avant d'être dispersés dans l'espace. Et sans étoile, pas de vie.

« En fait, il apparaît que, concernant la violence du Big Bang, la fenêtre d'opportunité est excessivement étroite, si vous voulez la vie dans votre univers.

b) Le point suivant à considérer est la force de la gravité. Quelle force lui donnerez-vous ?

- Si vous la faites un peu moins que ce qu'elle est actuellement, vous courez le risque d'un univers sans étoile : les gaz du Big Bang se rassembleront bien pour former des nuages denses, mais la force de gravité naturelle ne sera pas assez forte pour rassembler la quantité nécessaire pour produire une élévation suffisante de température et allumer les feux nucléaires.

- Mais vous devez faire aussi attention de ne pas avoir de gravité trop forte. Vous n'auriez alors que des étoiles massives qui se consumeraient trop vite. Pour que l'évolution puisse prendre place, vous devez avoir une source stable

---

[91] On trouvera une présentation détaillée de ce principe dans sa version forte et sa version faible dans l'ouvrage :'Le monde s'est-il créé tout seul ? TX Thuan et coll. Albin Michel, 2008, pp. 36 à 56.

d'énergie pour 5 milliard d'années – vous avez besoin d'une étoile de taille moyenne comme le soleil.

c) Ensuite, vous devez tourner votre attention aux matériaux à partir desquels vous souhaitez construire les corps de vos créatures vivantes. Le Big Bang produit l'hydrogène et l'hélium. Mais, avec ça, on ne peut pas produire d'objets comme les corps vivants : les noyaux des éléments plus lourds doivent être fabriqués par la fusion nucléaire dans les étoiles.

« Ce n'est pas une affaire facile. Vous devez vous arranger pour que les conditions soient juste convenables pour produire le carbone – si vital dans la formation des tissus vivants : les chances sont très minces…

L'ensemble de ces extraordinaires 'coïncidences' a été rassemblé sous le nom général de *'Principe Anthropique'*. L'univers, loin d'être hostile à la vie, est allé dans le sens de nous accommoder et, peut-être, d'accommoder d'autres formes de vie ailleurs dans l'univers. L'univers savait que nous allions venir. Il peut être considéré comme une matrice de laquelle la vie humaine a émergé[92] ».

° **Darwin et l'évolution des espèces.**

On trouvera en annexe 3, une évaluation du darwinisme aujourd'hui ; En voici les conclusions :

L'alternative : création **ou** évolution est dépassée depuis longtemps. Aujourd'hui, on évoque une complémentarité mutuelle : création **et** évolution. Et la question s'est déplacée : quelle complémentarité ?

On est invité à distinguer une pluralité d'approches du *monde unique* dans lequel nous vivons. Se garder du discours unitaire, trop englobant qui ne laisse aucune place à l'autre. Cela a pu se rencontrer dans une théologie trop avide de synthèse, comme chez des scientifiques qui tendent à faire de la théorie de l'évolution un substitut de la religion.

---

[92] Russell Stannard, Professeur émérite de physique à l'université, article paru dans 'The Tablet', 6 mai 2000.
N.B. : Dans la même revue 'The Tablet', et à la même période, a été présenté un article comparant la naissance de l'univers à celle d'un enfant dans le ventre de sa mère.

ANNEXE 3 : CREATION OU EVOLUTION ? LE DARWINISME AU 21ème s.

Présentation de la théorie de l'évolution[93].

Supposition de fond : les différentes 'espèces' des êtres vivants n'ont pas surgi indépendamment les unes des autres, mais sont plutôt caractérisées par des rapports de dépendance mutuelle : au cours du temps, elles se sont développées les unes à partir des autres.

L'homme ne fait pas exception : il a des ancêtres dans le royaume animal. La base de l'évolution est constituée par mutations du matériau génétique pendant sa transmission d'une génération à l'autre. En fonction des possibilités offertes à l'être de se maintenir et de se reproduire dans son environnement naturel, le matériau génétique pourra passer aux générations suivantes. Les individus avec des caractéristiques avantageuses pour la survivance augmenteront, les autres diminueront. *Voilà le processus de la sélection naturelle.*

On cherche des confirmations de cette théorie dans les données de la paléontologie (fossiles) et dans la recherche génétique. On ne peut pas encore reconstruire exactement le ou les arbres de descendance génétique avec toutes leurs différentes branches. Néanmoins, les arguments en faveur d'une évolution des êtres vivants, pris dans leur ensemble, sont reconnus comme convaincants dans les cercles scientifiques : on ne doute pas qu'il y ait eu évolution ; on discute seulement de la manière concrète de son cours.

Situation actuelle du Darwinisme[94]

*20*09 : Le bicentenaire de la naissance de Darwin et le 150ème anniversaire de 'L'origine des espèces au moyen de la sélection naturelle' ; coïncident avec la montée d'un courant de contestation du 'darwinisme', dont un aspect est le nombre croissant d'élèves et lycéens français qui contestent, pour des raisons religieuses, l'exposé de la théorie de l'évolution prévue dans les programmes : troublant pour ceux qui pensaient que la vision évolutive du vivant avait été

---

[93] R. Jahae, prof. univ. St Paul, Canada 'Rapport entre foi chrétienne et sciences de la nature' Doc. Catho., mars 2009.
[94] F. Euvé, sj, prof Centre Sèvres, Etudes, nov. 2009

paisiblement intégrée dans les mentalités et ne posaient question qu'aux esprits 'attardés'.

L'apport de D. (=Darwin) est moins révolutionnaire dans le champ scientifique qu'on a pu le penser, mais il l'est dans le domaine symbolique. 'Parmi les hommes de science, D. est celui qui suscite le plus la controverse'. D'un côté, la théorie actuelle de l'évolution semble la meilleure clé de compréhension du vivant, mais de l'autre, le 'darwinisme' a pu servir de caution à des idéologies hautement discutables comme l'eugénisme.

Le malaise actuel peut être rapporté à une multitude de causes :

Représentation de l'humain : Darwin s'était bien gardé d'aborder ce thème en 1859[95], mais on a étendu ses thèses à l'origine de l'homme. Si l'homme a une origine animale, peut-on lui attribuer une nature spirituelle et sur quoi fonder son comportement moral ?

Plus récemment : génétique et neurosciences ont contribué à naturaliser davantage l'être humain, marionnette des forces naturelles, pouvant être manipulé afin de le transformer en autre chose[96].

Enfin, cela est encore aggravé par les menaces qui pèsent sur l'avenir de l'humanité : un sentiment de crise invite à revenir aux valeurs traditionnelles, en se détournant des constructions scientifiques toujours provisoires.

Débat compliqué par 3 facteurs :

° La biologie traite de phénomènes hautement complexes, aux multiples paramètres, loin des systèmes simples, analytiques de la physique classique.

---

[95] « J'éviterai entièrement le sujet car il est entouré de trop de préjugés, même si j'admets que pour le naturaliste, il s'agit du plus intéressant problème qui soit », cité par F. Euvé, op. cit.
[96] J.M. Besnier, Demain, les posthumains. Le futur a-t-il encore besoin de nous ? Hachette, 2009

° Les processus engagent de très longues durées, souvent bien supérieures à la vie humaine. La vérification en est rendue d'autant plus difficile.

° Enfin, le caractère très spéculatif de la méthode darwinienne. A l'inverse de la méthode inductive, fondée sur des faits incontestables, Darwin propose une vision globale des choses, un modèle général. Ceci ne peut avoir qu'un caractère hypothétique, ouvert au débat, sinon à la contestation.

Place du hasard dans le darwinisme.

Le darwinisme introduit un élément longtemps minimisé : la place faite au **_hasard_** qui semble démentir toute idée de finalité, plan ou dessein.

Pour D., les organismes ne varient pas d'une génération à l'autre en fonction d'un but à atteindre qui serait une meilleure adaptation à leur environnement. C'est _a posteriori_ que certains variants sont sélectionnés car ils s'avèrent mieux adaptés que d'autres. Il n'existe pas, semble-t-il, de tendance qui pousse certains organismes à évoluer dans une certaine direction. Ce serait plutôt un processus divergent, « buissonnant ». Un organe n'a pas été fait pour remplir une fonction ; c'est son existence qui permettra l'émergence d'une fonction : « Les idées de projet sont des illusions rétrospectives produites par le mystère de l'adaptation ». Cela ne veut pas dire que les variations n'ont pas de causes (la génétique contribuera à en rendre compte), mais elles n'ont pas de but précis. Conséquence à forte charge symbolique : la formation de l'humanité semble être la résultante imprévisible d'une suite d'accidents. S'il est possible de voir à l'œuvre une tendance à la complexification, les formes concrètes des organismes émergents ne semblent pas pouvoir être prédites à partir des connaissances des formes primitives.

Cette absence apparente de direction évolutive soulève de nombreux débats au sein du monde scientifique. _L'explication fournie par la sélection reste partielle_ : elle « permet seulement de comprendre d'un point de vue scientifique comment et, _en partie,_ pourquoi, au sein d'un monde biologique marqué par la profusion et la contingence, _cet_ organe, _cet_ organisme, cette espèce émerge, s'impose ou disparaît ». En outre, la question de savoir si l'évolution peut être un processus aussi ouvert que l'ont cru D. et ses successeurs a été réexaminée. Les paléontologues sont parmi les plus perplexes à l'égard d'une évolution complètement aléatoire. « Les chemins de l'évolution furent fréquemment quasi obligatoires - certaines conditions environnementales étant données - plutôt que contingents et non répétables [97]».

Quoi qu'il en soit de la conclusion de ces débats, on ne peut plus lire l'évolution comme une histoire dirigée vers le mieux, comme la montée irrésistible vers des organismes de mieux en mieux adaptés, vivant de plus en plus en harmonie les uns avec les autres. Cela contribue à faire douter d'une lecture trop immédiatement théologique, Dieu conduisant l'évolution biologique vers un état « paradisiaque ».

En revanche, cela peut être une invitation à *réfléchir sur la place de la liberté* dans ce processus ; « cet élément de liberté offre aux théologiens leur meilleure chance de comprendre pourquoi Dieu aurait choisi un processus indirect comme la sélection naturelle comme force motrice pour sa création ».

Le rapprochement proposé entre concept biologique de *sélection* et la notion biblique d'*élection* (choix particulier) est suggestif : « le croyant parle d'élection divine parce que Dieu n'a pas tout déterminé d'avance, parce que son projet à l'égard de l'humanité n'est pas un plan préétabli qui se déroulerait étape après étape ». Le choix divin, ni nécessaire, ni arbitraire permet et même appelle l'émergence de la liberté de la personne humaine. Il reste possible de parler de « dessein » salutaire de Dieu, à condition de ne pas le comprendre comme une sorte de programmation de l'histoire, mais plutôt comme la volonté de Dieu d'ouvrir à l'humanité et à l'univers dans son ensemble un chemin vers la vie et le bonheur, en dépit de toutes les menaces qui pèsent sur cette destinée. Cela ne relève pas de l'explication scientifique. La liberté créatrice de Dieu se communique à l'homme. Dieu veut faire à l'esprit humain le don de lui-même. Seule la confession de foi peut en rendre compte.

Conclusions

On est invité à distinguer une pluralité d'approches du *monde unique* dans lequel nous vivons. Se garder du discours unitaire, trop englobant qui ne laisse aucune place à l'autre. Cela a pu se rencontrer dans une théologie trop avide de synthèse, comme chez des scientifiques qui tendent à faire de la théorie de l'évolution un substitut de la religion.

---

[97] Christian de Duve, Prix Nobel de médecine, Singularités, Odile Jacob, 2005, p. 206.

L'alternative : création **ou** évolution est dépassée depuis longtemps. Aujourd'hui, on évoque une complémentarité mutuelle : création **et** évolution avec la question : quelle complémentarité [98]?

A minima, on pourrait adopter la proposition suivante :

« *Tout se passe comme si,* l'évolution travaillait dans deux directions :
- L'expansion de l'univers avec la formation d'une multitude d'étoiles.
- La complexification du cerveau, donnant ainsi naissance à un être capable de devenir 'conscience' de l'univers, de se dresser en face de lui et de lui poser la question fondamentale : 'Pourquoi' ? 'Pourquoi existe-t-il quelque chose plutôt que rien' ? L'aventure de la liberté humaine commençait. 'L'homme est un roseau, mais un roseau pensant', disait Pascal. Ce n'est pas rien.

---

[98] 'Création et évolution: une complémentarité mutuelle', Lettre pastorale des évêques suisses, Doc. Catho. 2420, 15 mars 2009.

Bien que cela puisse sembler un paradoxe, il est plus facile de réfléchir à la finalité de la création si on a porté d'abord son attention sur le point de savoir si la création a été achevée dans le passé ou si elle le sera dans l'avenir.

Deux interprétations sont offertes par la tradition de l'Eglise :

° L'une (Augustin, suivi par Luther, Calvin, les jansénistes) place cet achèvement au début de la création, où Adam est vu comme un surhomme. Cette position accrédite le système 'réparateur' accompli par le Christ.

° L'autre (Irénée de Lyon, suivi par Duns Scot, Jean de la Croix, Thérèse d'Avila, Blondel, Teilhard). Pour eux, la perfection de la Création est au terme de son histoire, non pas au début. Le Christ est celui en qui Dieu crée l'Homme nouveau et véritable. Celui en qui se réalise la finalité ultime de la création par la transformation du vieil homme.

On a le choix entre les 2 interprétations, le magistère de l'Eglise n'en ayant pas fait une définition.   Voici quelques éléments de l'argumentation d'Irénée : Dieu ne pouvait-il pas, depuis le début, faire l'homme achevé ?? Irénée répond : pour Dieu, tout est possible; mais l'être créé était incapable de recevoir la perfection. La création se fait par étapes, l'être créé devant recevoir *progressivement* la croissance. Voici son texte :

« Dieu n'aurait-il pas pu faire l'homme parfait dès le commencement ?... L'homme nouvellement venu à l'existence était incapable de recevoir la perfection, ou, l'eût-il même reçue, de la contenir, ou, l'eût-il contenue de la garder... Il fallait que l'homme vint à l'existence, grandit, devint adulte, se multiplia, prît des forces, fût glorifié, vit son Seigneur ; et la vision de Dieu procure l'incorruptibilité ».Adv. Haereses, IV, 38, 1-4.

Il poursuit : *« Dieu, ayant usé de longanimité, l'homme a connu le bien de l'obéissance et le mal de la désobéissance, afin que l'œil de son esprit, ayant acquis l'expérience de l'un et de l'autre, fasse le choix du bien avec décision, et ne soit ni négligent ni paresseux par rapport au commandement de Dieu : ce qui lui ôte la vie, i.e. désobéir à Dieu, il saura par expérience que c'est mal et il ne l'entreprendra plus jamais. Au contraire, ce qui lui conserve la vie, i.e. obéir à Dieu, il saura que c'est bien, et il le gardera avec un soin scrupuleux. Et c'est pourquoi il a reçu une double faculté, possédant la connaissance de l'un et de l'autre, afin de faire le choix du bien en connaissance de cause »...*

... « Cette connaissance du bien, comment aurait-il pu l'avoir s'il avait ignoré son contraire ? Car plus ferme et plus incontestable est la perception d'objets présents qu'une conjoncture résultant d'une supposition. Ainsi : la langue acquiert par le goût l'expérience du doux et de l'amer ; l'œil, par la vue, distingue le blanc du noir ; l'oreille, par l'audition, connaît la différence des sons.

« Ainsi l'esprit, après avoir acquis par l'expérience de l'un et de l'autre la connaissance du bien, devient plus scrupuleusement attentif à le conserver en obéissant à Dieu ; en 1er lieu par le repentir, il rejette la désobéissance parce qu'elle est chose amère et mauvaise ; ensuite, sachant par une perception immédiate ce qui est le contraire du bien et du doux, plus jamais il n'entreprendra de goûter à la désobéissance de Dieu.

Si tu répudies la connaissance de l'un et de l'autre, et cette double faculté de perception, sans le savoir, tu supprimeras l'homme même que tu es ».
Id. IV, 39, 1.

Voyons maintenant Duns Scot et sa doctrine sur la primauté absolue du Christ, qui concerne le but 1er de l'incarnation[99] :

1- « Dit *négativement,* cette doctrine rejette la rédemption comme la raison fondamentale de la venue du Christ. Pourquoi ? Parce que la gloire des âmes rachetées ne peut être comparée avec la gloire de la nature humaine du Christ. De là, leur restauration dans la gloire ne peut pas avoir été la raison 1ère pour laquelle l'âme du Christ a été créée, assumée par le Verbe.

2- « Dit *positivement,* cette doctrine proclame qu'humainement parlant, Dieu a *d'abord* voulu le Christ comme Roi et Centre de l'univers. Seulement, d'une manière secondaire, pour ainsi dire, Dieu a conçu le Christ comme rédempteur de l'homme tombé dans le péché.

« Scot demande très précisément ceci : 'est-ce que la prédestination du Christ à la grâce et à la gloire, et par conséquent, à sa position comme fin de toutes les

---

[99] Duns Scot, par A.B. Wolter, Ofm, Prof à l'université catholique d'Amérique, p. 139s

créatures, dépend de la permission du péché' ? En bref : *L'univers est-il centré sur le péché ou sur le Christ ? C'était, pour Scot, le nœud du problème.*

Application à l'avenir de l'humanité.

Il est communément admis que l'homo sapiens sapiens n'est pas le terme de l'évolution. A partir de là, 2 perspectives se dessinent :

° L'une tient que l'évolution va se poursuivre, mais, cette fois, avec l'intervention de l'homme dans le processus d'évolution : on devine la charge qui est mise sur les hommes : selon quels critères va-t-il intervenir et quelle autorité en décidera [100]?

° L'autre formulée par Cl. Tresmontant consiste à poser la question suivante : « *Existe-t-il, au sein de l'humanité, une possibilité de connaître l'avenir de la création, sa finalité ultime ? Il faudrait regarder de près et voir s'il n'existe pas, dans l'histoire humaine, une sorte de lignée germinale qui porterait en elle une information touchant précisément l'avenir de l'humanité et de la création : c'est de ce côté-là qu'il faudrait se tourner* » (in 'Problèmes de notre temps', Œil, 1991, p. 528).

Voilà une perspective frappée de bon sens et apte de parler à un esprit scientifique. La suite fait appel à la foi, Tresmontant proposant de voir cette lignée germinale dans le fait hébreu rapporté dans la Bible et que l'on peut dater de 4000 ans. Il poursuit : « *Si on objecte que le fait hébreu est vraiment trop petit pour présenter un intérêt, je réponds que lorsque la vie est apparue sur la terre, les 1ers organismes étaient aussi très petits... Les grandes créations commencent par de petits germes* ».

Tresmontant reprend cette thèse en la situant dans ce que l'on connait de l'évolution du créé[101]:

« La finalité de la Création procède par étapes, depuis environ 20 milliards d'années. Le peuple hébreu est une étape dans l'histoire de la Création, avec la création d'un nouveau type d'humanité. Le Fils de l'homme (Jésus) est

---

[100] Difficulté et risque de l'entreprise dans : 'Quelles resources spirituelles pour faire face à l'épuisement des ressources naturelles' ? coll. Paragon/Vs, Lyon, 2009, art. de P. Ariès, Le transhumanisme, p. 50. Voir aussi, P. Valadier, 'Exceptionnelle humanité, Etudes, juin 2010, pp.773 - 784

[101] 'La finalité de la création, le salut et le risque de perdition', édn François-Xavier de Guibert, Paris, 1996.

l'Homme nouveau et véritable, le Germe que Dieu visait depuis les origines de la Création. Par lui, avec lui, en lui, Dieu réalise son œuvre suprême, la création de l'homme nouveau et véritable, uni à Dieu, sans mélange ni confusion depuis le 1er instant de la création de son âme humaine créée avec le consentement de Marie, qui a été préparée pour consentir à ce que cette œuvre suprême soit réalisée en elle ».

A la suite de Tresmontant, notre proposition est d'opérer une identification entre 'l'homo sapiens sapiens' et celui que Paul appelle 'l'homme ancien' ou 'le vieil homme' (Rm 6,6 ; Eph 4,22 ; Col 3,9) : cette identification nous permet de tirer parti de tout ce que st Paul développe au sujet du passage de l'homme ancien à l'homme nouveau créé en Jésus-Christ : Le Christ est celui en qui Dieu crée l'Homme nouveau et véritable, celui en qui se réalise la finalité ultime de la Création, par la transformation du vieil homme. On est loin d'être parvenu à la réalisation du but ultime de la création. L'humanité est en train de passer péniblement de l'animalité à l'humanité, avec de fortes régressions.

Le Fils de l'Homme contient en lui l'information créatrice nouvelle nécessaire pour créer l'Homme tel que l'Unique l'envisage depuis le commencement. Il communique à l'humanité entière l'information nécessaire pour créer l'Homme véritable. Entre le moment où le Fils de l'homme communique l'information et l'achèvement de la création, il existe une durée - celle où nous sommes - qui est le temps nécessaire à la transformation de la vieille humanité animale.

Les 4 évangiles contiennent la **nouvelle programmation** pour former l'humanité véritable voulue depuis les origines :

… Les programmations animales…	**… Jésus…**
°… défendre son territoire.	Mt 8, 20 ; Lc 9, 58, 4, 42-43
° …répondre à l'agression par l'agression.	Mt 5, 39, 44 ; Lc 9, 56.
° … accumuler les richesses.	Mt 5, 3 ; Lc 6, 20 (pauvreté volontaire).
° … former des castes.	Lc 22, 25. Castes abolies : Ga 3, 26 ; Col 3, 9, 11.

De fait, dans l'histoire de l'Eglise, qui est la nouvelle création en régime de formation, la question de races, castes ou classes ne joue aucun rôle depuis les origines. Nous avons donc changé de programmation.

Conditions objectives d'une telle transformation.

« Il s'agit de faire passer l'Homme du stade animal (1Co 2,14) au stade proprement humain (l'Homme nouveau, Eph 2,14 ; 4,24). Cette métamorphose (Rm 12,2) qui transforme le vieil homme, l'homme ancien (Rm 6,6 ; Eph 4,22 ; Col 3,9) est une œuvre de création. Dieu seul est créateur et peut donc seul opérer cette nouvelle création (2Co 5,17 ; Eph 2,15 ; Ga 6,15). La pratique des commandements de la Torah ne peut suffire. On n'entre pas n'importe comment dans le monde qui vient.

« Ce qui est nouveau dans l'Homme véritable, c'est que celui-ci ratifie librement le don de la Création et coopère à l'œuvre de transformation : appelé à être 'image visible du monde invisible' (Gn 1,26-27), il ne peut pas se contenter de recevoir d'une manière passive le don de la participation à la vie de l'Unique incréé ; sinon, il ne serait pas une image du Dieu invisible, mais une contrefaçon, une 'poupée fabriquée par les dieux' (Platon), ce que justement l'homme n'est pas, selon le monothéisme hébreu.   *S'il ne coopère pas, il ne pourra pas être ce vis à vis avec qui Dieu puisse parler face à face.*

Jésus enseigne que l'information créatrice qu'il communique transformera lentement la pâte humaine ; que cette transformation rencontrera des résistances violentes ; que les jeux ne sont pas faits. Vingt siècles plus tard, nous vérifions la vérité de cet enseignement.

Depuis 20 siècles : des centaines de milliers de femmes et d'hommes ont coopéré à la création de l'Homme nouveau en eux, ont effectué, plus ou moins complètement cette transformation, conformément à l'information créatrice communiquée par le fils de l'Homme. Et ainsi, ils sont devenus conforme à celui qui est le Germe de la nouvelle humanité (Rm 8,29), constituant un nouveau type, une nouvelle espèce d'humanité. Ceux qui ont été suffisamment transformés peuvent dire : « *Si je vis, ce n'est plus moi, mais le christ qui vit en moi. Ma vie présente dans la chair, je la vis dans la foi au Fils de dieu qui m'a aimé et qui s'est livré pour moi* ». *(Ga 2,20)*

A partir d'eux, on pourrait former une **phénoménologie chrétienne**, une anthropologie des saints. Ils présentent tous des caractères communs :

°aucun ne se prend pour le moi absolu (1Co 4,7) ;

°ils savent tous que c'est Dieu qui opère le vouloir et l'agir (Ph 2,13) ;

°S'ils portent beaucoup de fruits, ils pensent à Lc 17,10.

Même leur Maître prie Dieu qu'il appelle son propre Père (Jn 5,19) ; il distingue sa propre volonté de celle de Dieu. Il enseigne la distinction entre Dieu unique incréé et le Fils de l'homme créé qui lui est uni.

Le Christ est le 1ᵉʳ né de cette ultime création, uni à Dieu dès le 1ᵉʳ instant de sa conception. ***Tel est le but de la création : c'est ici qu'elle se réalise : la finalité de la Création c'est le Christ, la raison d'être de la Création c'est lui, le sens de la Création, c'est lui.***

ANNEXE 5 - Gn1 ET LA VOCATION SCIENTIFIQUE DE L'HOMME.

Source : J-P Sonnet, s.j. 'De l'origine des espèces : Gn1 et la vocation scientifique de l'homme'. NRT 131 (2009), 529-545 (Extraits).

La référence à Gn1 n'implique en rien une démission de l'intelligence. Ni fidéisme, ni fondamentalisme opaque : une rationalité lumineuse traverse ces textes capables de parler à tout homme de raison, et, notamment à l'homme de science contemporain.

L'intelligibilité d'un monde articulé par la parole.

Arrière fond : récits cosmogoniques avec des combats divins sans merci.

Ici : génie subversif des écrivains bibliques : la création est acte de parole (Gn 1,3). La puissance de Dieu se manifeste comme maîtrise douce de la parole, naissant elle-même d'une maîtrise du souffle divin : Gn 1,1 n'est pas une tempête déchaînée, mais une puissance frémissante, retenue, suspendue, en attente que Dieu ne convertisse ce souffle en parole : 'Et Dieu dit…'. Le début de l'action créatrice consiste pour Dieu à 'contenir sa propre puissance', et à l'investir dans une parole. La maîtrise douce de la parole se prolonge dans la nomination des éléments (1,4).

Le Dieu biblique surgit d'emblée comme être de parole, et voilà qui met l'ensemble du récit de la création en perspective. Au terme de la geste créatrice, l'homme, à qui Dieu s'adresse dans la parole (1,28), apparaît comme celui qui prolonge la nomination divine (2,20). *Gn1 manifeste l'intelligibilité profonde du monde, articulé par la parole de Dieu et destiné à l'être par celle de l'homme.*

Le 'processus' de la création, entre intelligibilité et finalité.

Le 'processus' de la création en moments successifs, contribue à l'intelligence de l'acte créateur et à la manifestation de sa finalité.

Gn1 manifeste que la création, loin d'être une explosion de puissance aveugle, est une action qui s'articule progressivement, dans une séquence ordonnée, où s'énonce un dessein. La progression est notamment celle de séparations successives (**1**, 4,6,7, 14,18). A partir du 3ème jour, une fois mis en place les macros éléments du cosmos, le verbe de la séparation n'intervient plus qu'en **1**,

14,18 à propos des grands luminaires. Il est relayé par une autre expression : 'selon leur espèce'. Répétée 10 fois, cette formule porte d'abord sur les espèces végétales (11,12), puis animales (21, 24-25). Dès l'origine, Dieu sauve de l'informe et de l'indéterminé, mettant progressivement en place un monde différencié[102]. La distinction devient perceptible dans la succession. Le récit porte au langage, l'une *après* l'autre, les réalités que Dieu a distinguées l'une *de* l'autre.

Tout en suivant pas à pas les initiatives divines, le narrateur prend soin d'accentuer ce qu'a de construit et de finalisé le dessein créateur. L'acte créateur, dans sa séquence, n'est pas un processus aléatoire ou une extravagante déperdition d'énergie. Il se déploie entre commencement (1,1) et achèvement (2,1), Au terme, Dieu achève ce qu'il avait précisément entrepris de créer à l'origine, - le ciel et la terre – (2,1 ; cf 1,1). Le processus s'inscrit dans l'intelligence d'un dessein qui préside à chacun de ses moments[103].

Les pauses.

Paradoxalement, la maîtrise divine a sa plus belle démonstration dans *les pauses* qui jalonnent la séquence créatrice. Dieu joint à ses initiatives créatrices un geste de recul et d'émerveillement (**1**,4,10,12,18 etc). Ce 'recul émerveillé' indique avec netteté que, dans son acte créateur, *Dieu ne se contente pas de déployer sa puissance* pour ordonner, transformer, produire, donner vie. *Il n'est en rien l'esclave de sa puissance.* Loin d'occuper les 7 jours à 'épuiser' sa puissance créatrice (et à remplir corrélativement le tout du monde), il est celui qui met une limite au geste créateur, *en 'maîtrisant sa maîtrise'* (Sg 12, 18). Dans cet arrêt, Dieu affiche son *refus de tout remplir* et sa volonté d'*ouvrir un lieu d'autonomie à l'univers, et, en particulier, à l'humanité.* Ce recul culmine dans le repos du 7ème jour : le processus de la création n'a *rien d'une démonstration de la 'force*

---

[102] Les éléments a priori menaçants du tableau initial – ténèbres et abîme des eaux – ne sont pas éliminés (comme dans le scénario de la théomachie) ; en ordonnant ces éléments et en leur assignant une limite, Dieu leur permet de prendre place dans le concert de la création. Les 'monstres marins', deviennent créatures dont Dieu discerne la bonté.

[103] En articulant progressivement le réel dans ses fonctions fondatrices, Dieu met devant l'homme un monde riche en déterminations intelligibles, comme le seront les déterminations éthiques du décalogue. « Le monde a été créé par dix paroles » avait déjà observé la tradition juive ancienne ; et l'exégèse moderne l'a relevé à son tour ('Et Dieu dit', est repris dix fois dans Gn1).

qui va' ; il procède bel et bien d'un dessein, réfléchi en chacun de ses moments, et *maître de lui jusqu'à son terme.*

Enfin, ce processus révèle la *finalité* qui le sous-tend : les éléments progressivement mis en place dessinent une courbe qui va du 'bon' (1, 4) au 'très bon' (31).

L'axe de la parole révèle le mieux cette courbure[104] : si Dieu parle de tous les éléments qu'il crée, il ne parle à la 2ème personne qu'aux vivants, à partir du 5ème jour (22). Jusque là, les créatures n'étaient pas interpellées ; à partir de ce point, Dieu parle à des vivants susceptibles de l'entendre. Mais c'est au 6ème jour que la 1ère personne fait son apparition : au pluriel d'abord (26) - au singulier ensuite - (29). Par ailleurs, avec l'apparition du couple humain, la parole divine se donne un interlocuteur explicite (28). Dieu s'adresse – et en 1ère personne – à l'être qui sera lui aussi être de langage, l'« être à l'image» voué à la maîtrise douce de la parole. La séquence était donc, et de part en part, ordonnée à sa fin, et la forme narrative a été le véhicule efficace de cette finalité.

Gn 1 est donc, un manifeste de l'intelligibilité du monde, d'un monde confié au pouvoir et au savoir de l'homme. Il illustre la 'maîtrise' du monde par le langage qui incombe à l'Adam. Il fait preuve d'une foi étonnante dans les capacités rationnelles de l'homme. Se référer à ces textes n'est pas faire preuve d'obscurantisme ; c'est s'engager plutôt à défendre la responsabilité scientifique de l'homme dans le monde qui lui est confié.

---

[104] On trouvera dans 'la divine origine',M. Balmary, Grasset, 1993, une analyse encore plus fine de l'axe de la parole dans le ch 2 : 'L'homme, le diable et le bon Dieu, leur 1er 'Je' dans la Bible. On est étonné de ce que ces textes résistent plus de 2000 ans après, à des lectures psychanalytiques si exigeantes.

ANNEXE 6 - LES PAROLES QUE NOUS ENTENDONS VIENNENT-ELLES DE DIEU?

d'après ste Thérèse d'Avila (Le livre des Demeures, 6ème demeure, ch. 3)

Voici les marques les plus certaines pour reconnaître que les paroles que nous entendons viennent de Dieu :

1) Elles sont claires.

- Il ne peut manquer une syllabe à ce qu'on a entendu sans qu'on s'en aperçoive, même si d'autres termes disent la même chose.

- Ces termes exacts ne s'effacent pas sitôt de la mémoire, quelques-uns ne s'oublient jamais.

2) Elles apportent avec elles l'autorité.

Ex.: une personne dans le trouble entend: « C'est moi, ne crains pas! ». Ces paroles font disparaître toute trace de crainte; la personne éprouve un grand calme et une grande lumière intérieure, alors qu'il lui semblait qu'elle ne se sortirait jamais de sa situation.

3) Elles impriment la certitude que cela se fera.

- Même s'il s'agit de choses apparemment impossibles; même si le cours des événements semble tout à fait opposé et cela pendant des années, l'âme ne doute pas que cela se fera...et cela se fait effectivement.

- L'âme éprouve alors de la joie quand la parole s'accomplit:

- pour la chose elle-même qui s'accomplit.

- et aussi parce qu'elle voit s'accomplir ce qui lui a été annoncé.

4) Elles s'accompagnent d'une paix et d'une joie profondes.

Ste Thérèse donne plus loin, dans le même chapitre, quatre autres avis:

- On ne pensait pas aux choses que l'on entend.

Celles-ci viennent d'une manière imprévue, parfois au cours d'une conversation.

- Une seule parole divine donne souvent à comprendre beaucoup de

choses.

- Tout moyen de s'y opposer est inutile.

Il est impossible de se boucher les oreilles et de penser à autre chose.

- L'âme est comme une autre personne qui les entend.

L'âme voit clairement qu'il y a un maître plus puissant qu'elle qui commande dans son "château" [intérieur]: cela la remplit de dévotion et d'humilité.

Ste Thérèse termine par cet avertissement fort judicieux:

« Ne croyez pas, alors même que ces paroles viennent de Dieu, que vous serez meilleures pour cela; n'oubliez pas que Notre Seigneur a parlé bien souvent aux pharisiens et que toute la perfection consiste à tirer parti de ces paroles. »

TEMOIGNAGES d'HIER ET D'AUJOURD'HUI

Nouveau Testament : Ac 18, 9-10 ; 23, 11.

        Ste CLAIRE D'ASSISE (Italienne, 13ème s.) : Cf. Thomas de Celano, Vie de Ste Claire, 21-22.

Angèle de Foligno (1248 – 1309), 43 ans, veuve, tertiaire franciscaine. Elle dicte ses expériences spirituelles à un frère franciscain ; elle décrit en particulier avec beaucoup de détails et une grande simplicité sa 1ère expérience spirituelle[105].

Abbé PIERRE (20ème siècle, français), fondateur des communautés 'Emmaüs', ouvertes aux exclus. Il a 19 ans et vient de prendre l'habit chez les capucins. Il écrit dans son journal du 11 Décembre 1931:

« Depuis des années, je ne vivais que pour mourir enfant et la crainte habituelle me venait: "pourquoi donc, puisque maintenant je suis prêt, je ne meurs pas?" Alors, au fond de moi, a jailli une prière pressante, calme et forte, qui m'étonna, et qui pourtant était bien mienne: 'Seigneur, pour vous, gardez-moi à ce monde

---

[105] « Livre de l'expérience des vrais fidèles » ste Angèle de Foligno, Paris, édn DROZ, 1927, pp. 47s.

en détresse!' Du fond de moi avait jailli cet héroïsme d'offrir de vivre. "Comme une flamme brûlante, aussitôt, j'ai entendu: *'Tu resteras'* ».

Propos rapporté dans le journal "La Croix" du 11-4-1997.

ANNEXE 7 – LA CREATION ET LES AUTRES MYSTERES DE NOTRE FOI[106]

La profession de foi au Dieu créateur n'est pas une sorte de préalable métaphysique aux articles de la foi. Elle n'énonce pas une évidence comme la nécessité d'une cause à l'univers où nous sommes, mais l'intensité de la relation entre le Créateur et la créature, intensité qui se déploie par la connexion de tous les mystères de la foi. « Je crois en Dieu, créateur » est une *confession de foi à relier aux autres mystères de notre foi : rédemption, Incarnation, Trinité.*

I- Création et Rédemption.

1- Les conditions de l'affirmation de la foi.

La proclamation du Dieu créateur est une proclamation de la foi qui, unie à celle de tous les autres articles, ouvre à la grâce baptismale et est rendue possible par elle seule. Proclamer Dieu créateur est fondamentalement le fait des 'rachetés'. Les Cantiques de l'Apocalypse [107], en faisant retentir plusieurs louanges du Dieu créateur dans le livre même qui annonce la nouvelle création disent que *seuls ceux qui ont part à la nouvelle création peuvent chanter Dieu comme auteur de la 1ère création.*

A cela une raison évidente : le cosmos est parfois bénéfique, mais aussi cause d'effroi, ruine et mort. A quel Dieu attribuer tout cela ? Nous ne pouvons confesser le Dieu créateur joyeusement, recevoir la révélation que nous sommes créés comme une Bonne Nouvelle, que s'il s'agit du Dieu rédempteur qui nous tire de ces angoisses et nous délivre de ces douleurs.

Mais le problème redouble : comment justifier que le Dieu qui sauve ait fait un tel univers ? Marcion et les gnostiques : le fabricateur du monde et le Rédempteur sont 2 êtres différents, voire opposés. Le 2nd aurait 'rattrapé' ce à quoi le 1er s'était risqué. Professer donc que le Rédempteur, qui me donne le salut et m'arrache à la souffrance et la mort, est Celui-là même qui a tout fait, n'est pas une affirmation évidente. Elle ne peut être faite que par celui qui a goûté, en tous cas par la foi, l'ampleur du salut donné. Seul celui qui mesure ce qu'est la résurrection de Jésus et croit que, par elle, absolument tout est touché,

---

[106] 'Le mystère de la création' Mgr E. DE MOULINS-BEAUFORT, NRT 131 (2009) 23-40.

[107] Ap 4,11 ; 5,10-11 (LH NT 9) ; Ap 15, 3-4 (LH NT 11) ; LH = Livre des Heures.

peut vraiment dire que Dieu est l'auteur de tout, que tout ce qui est, a été voulu. *Si l'expérience habituelle conforte la résistance de l'intelligence, l'expérience du salut encourage à reconnaître la création comme l'œuvre d'un Dieu qui nous aime et veut notre vie.* Elle surmonte donc les complications de l'intelligence… *La nouvelle création nous aide à vivre la 1ère.* St François en a donné l'indication dans son Cantique des Créatures… L'attitude écologique ne consiste pas dans le rêve de ramener l'homme à des manières de vivre primitives. Plus que l'ascèse ou le renoncement à des biens en voie de raréfaction, ce qui est en jeu est notre manière de *nous comprendre comme créatures auxquelles ce vaste univers a été remis.*

II- Création et Incarnation.

La Tradition chrétienne a dégagé peu à peu 2 composantes de la profession de foi en Dieu créateur : 'Sans lui rien ne fut' (Jn 1,3) et 'le Verbe était Dieu' (Jn 1,1).

La doctrine chrétienne dit que Dieu s'engage *lui-même* dans l'œuvre de création : il n'agit pas par intermédiaire, il ne délègue pas, il n'est aucun secteur de l'être qui ne porte sa marque à l'intime.   On a là une des raisons fondamentales du refus de l'idée de la matière éternelle [108] et de l'arianisme[109].

L'union dans le Christ de la divinité et de l'humanité n'a été en rien une mise sous tutelle de l'hté : aucun homme n'a été plus pleinement humain (Eph 4,13). Dans l'évangile, tous ceux qui entourent Jésus ont chacun leur rôle. La présence de Jésus ne prive personne de sa personnalité, au contraire, elle la libère et l'exalte. L'Incarnation nous assure que chaque être a une vraie consistance.

La foi en Dieu créateur est la foi que Dieu est la cause de chacun et de tous les êtres, mais la garantie de cette foi, c'est la foi qu'un jour, l'un de nous, seul, a été celui qui a voulu être. Dans une telle vue, l'Idée divine par excellence, c'est le *Verbe fait chair.* Il a été conçu non pour lui, mais pour donner ce qu'il est. L'Idée divine qui sert de source et de modèle, c'est la volonté du Verbe d'être le Fils 'tourné vers le Père' (Jn 1,1) : Il l'est toujours et partout, jusque dans la chair mortelle.

---

[108] Une part de la réalité créée échapperait à Dieu et à sa volonté.

[109] L'arianisme faisait du Verbe une 'créature supérieure' voulue pour s'occuper, par délégation, du reste de la création.

Le mal ne retire rien de l'action créatrice qui assume tout. Si Thomas d'Aquin peut dire que rien n'échappe à l'activité créatrice de Dieu, c'est qu'il sait le prix que Dieu a mis concrètement pour que la création sortie de ses mains soit toujours conduite à la plénitude d'être qu'elle a reçue, ses plaies étant transfigurées. Ce que Dieu a voulu et pensé, va jusqu'au bout et sera dans l'éternité.

III.- Création et Trinité

La présence du Créateur à la créature prolonge la présence mutuelle des personnes divines entre elles. La consistance de la création vient de ce qu'en créant, Dieu agit selon ce qu'il est. La création redouble la présence du Père au Fils et celle du Père et du Fils à l'Esprit.

On peut résumer ainsi le lien des Personnes divines à la création : le Père crée pour que le Fils soit l'aîné d'une multitude de frères ; le Fils crée en partageant à d'autres sa joie d'être engendré pour que le Père soit glorifié comme Père.

Créer est pour lui radicalement libre car il fait ce qu'il est. Pourquoi Dieu crée-t-il ? Pour sa gloire, qui est désintéressement mutuel des Personnes divines.

Pourquoi lance-t-il cette aventure avec son poids de souffrances ? Il n'y a pas de réponse à cela. Mais nous avons une certitude que la Croix nous donne et que la Trinité nous dévoile : c'est que _la relation filiale est si forte qu'elle peut reprendre même les pires éloignements._ Elle en tire une nouvelle expression de l'amour pour le Père, et un plus grand amour entre les frères.

La présence du Créateur à sa créature est telle qu'elle donne à sa créature de consentir filialement à cette présence et de devenir fraternellement présente aux autres créatures. _La contemplation de la Trinité est une condition de l'approfondissement de notre être de créature._

_Gn 1,2_ : Dieu ouvre une histoire dans laquelle l'homme agit. L'action de l'homme en cet univers n'a pas d'abord pour but de surmonter la pénurie et les troubles qui caractérisent le monde marqué par le péché. Elle est voulue par le Créateur ; et le Rédempteur rend cette action de nouveau possible en sa vérité. L'ensemble des êtres créés sont donnés à l'homme pour sortir de lui-même un bien plus grand. Dans cette perspective, on peut penser que les rapports mutuels des personnes divines nous éclairent sur les capacités de l'homme : dans la Trinité, la présence du Père au Fils donne au Fils de lui répondre… De même, la présence du Créateur à sa créature spirituelle qu'est l'homme, est la source de l'action de celui-ci dans le monde. La technique n'est pas seulement la lutte que l'homme doit mener pour survivre. Elle fait exprimer à l'univers ce qu'il porte pour que tout de lui serve aux hommes à être plus librement eux-mêmes, à enrichir leur possibilité de rencontre et de communication.

Comme le Fils glorifie le Père en lui apportant une multitude de fils, l'humanité glorifie le créateur en puisant dans ce qu'il lui a donné de quoi être davantage elle-même, les hommes s'aidant les uns les autres. Il est de la responsabilité des chrétiens de comprendre leur puissance technicienne, comme la grâce qui leur est faite de redoubler le don du Créateur.

La plus belle louange du Créateur n'est pas seulement de vivre modestement et d'être reconnaissant, mais aussi de faire apparaître la puissance de vie que contient ce que le Créateur lui a donné. La faculté procréatrice indique l'association à la tâche de la création à laquelle le Créateur appelle l'homme.

Ainsi, la profession de foi en Dieu créateur est une glorification de Dieu. Parce qu'il s'agit du Dieu Créateur et Rédempteur, elle englobe tous les hommes et tous les êtres, et les porte dans l'espérance (Rm 8,22).

ANNEXE 8- UN POINT DE VUE FÉMININ.

Toutes les réflexions, certes profondes et complexes, portées sur Gn1 (cf. annexe 5) sont imprégnées de masculinité : l'intellect parle, pas la chair. Les femmes dans l'expérimentation de la maternité ne sont elles pas mieux à même de pouvoir comprendre la vacuité nécessaire dans toute acte créateur, le renoncement paradoxal à la toute puissance, formidable et illimitée, pour laisser place à la création, au créé, au nouveau-né, le petit et l'imparfait ? Que d'amour dans ce renoncement! Quelle attention dans cette suspension ! Lors de la venue au monde de mon enfant, aucun cours à l'accouchement ne m'avait préparé à ce que j'ai entr'aperçu - l' effacement dévoué du corps, l' acceptation du souffle animal (et cela n'a rien de péjoratif) qui rythme l'expulsion, l' acquiescement silencieux et humble de l' esprit pour accueillir l'enfant qui vient, pour donner vie. J'ai dépassé ce que j'étais, je me suis donnée en oubliant tout ce que je savais, avec effarement devant cet enfant qui arrivait si puissant dans sa petitesse. J'ai dit oui et je ne savais plus rien, même pas l'amour de ce premier moment. Cette mise à disposition sans condition, cet effacement accepté d'avance, cet oubli de soi frappé d'évidence, beaucoup de femmes l'ont vécu et n'en parlent plus ensuite. Mais entre nous, nous savons. Je ne prétends pas faire un parallèle entre la mise au monde et la Création de Notre Créateur, mais il me semble utile de rappeler que l'une est comprise dans l'autre. Une pensée féminine unie à une pensée masculine ne serait-elle pas plus féconde pour parler de la Création.

Catherine Rouvière Cassulo
catherine.rouviere@free.fr>

Note de l'auteur : on pourra rapprocher ce texte de ce qui a été écrit plus haut, ch III, § 'objection à l'idée de création par Dieu, le problème du mal', pp. 14 à 16, en particulier les textes de S. Weil (une femme) et de A. Gesché. Voir aussi la note finale de l'annexe 2, p. 64.

ANNEXE 9 – COMMENTAIRE DU LIVRE DES FRÈRES BODGANOV 'LE VISAGE DE DIEU'[110]

Les frères Bodganov ne sont pas inconnus du monde de l'astrophysique. Dans les années 80/90, ils ont animé à la télévision des soirées à thèmes scientifiques. En 1991, ils ont publié un livre d'entretiens avec le philosophe Jean Guitton, intitulé 'Dieu et la science' (Grasset 1991), puis, 'Avant le Big Bang' (Grasset 2004 et Poche 2006). Ils n'ont pas ménagé leur peine pour acquérir une compétence dans ces domaines, entreprenant thèses de doctorat, et travaux de post-doctorats dans les prestigieuses universités américaines, côtoyant les prix Nobel de ces disciplines.

Ce livre fait un récit passionnant de l'histoire récente des grandes découvertes du 20ème s. Récit 'in live', faisant notamment état de correspondances entre scientifiques où émergent questions et objections.

En venant maintenant au titre de l'ouvrage, je voudrais faire 2 remarques concernant son intérêt et sa limite.

° Aspect positif : l'expression : 'C'était comme voir le visage de Dieu' est attribuée au prix Nobel 2006 George Smoot, à la suite de la découverte, dans le rayonnement fossile laissé par le Big Bang, de certaines irrégularités qui pouvaient être interprétées comme à l'origine des galaxies et des amas de galaxies qui allaient constituer le cosmos. Se rapprochant si près de l'origine, un sentiment d'émerveillement, voire d'émoi sacré s'empare du scientifique qui le fait s'écrier : « C'était comme voir le visage de Dieu ».

Cette référence à Dieu peut faire sourire les uns (les croyants) ou en irriter bien d'autres (les scientifiques), mais l'émerveillement qu'elle traduit peut être partagé par tous. On dit même que toute approche de la création devrait commencer par cet émerveillement initial (cf. texte de Lagardette cité en finale de l'annexe 1).

° Limite de cette approche : l'émerveillement porte essentiellement sur l'intelligence des choses. On en reste à ce que disait Einstein : « tous ceux qui sont sérieusement impliqués dans la science finiront par être convaincus qu'un

---

[110] Grasset, 2010. Commentaire de François-Régis Fine, paru sur le site 'cdurable.info, rubrique Fraternité', article lu plus de 1500 fois au 1/6/2011.

Esprit se manifeste dans les lois de l'univers, un esprit immensément supérieur à celui de l'homme ».

Objection : A-t-on donné une réponse satisfaisante à la question de savoir pourquoi il y a un monde, si on dit qu'au-delà du monde, il ya un créateur intelligent ? Il me semble qu'on peut répondre : 'Non, le fait que le monde soit porté par une source intelligente n'est pas une réponse suffisante à la question de savoir pourquoi le monde existe ; on ne rend pas compte du monde si on ne peut pas nommer un but pour le monde. Il faut pouvoir dire pourquoi il est bon que le monde existe'.

Dans un autre ordre d'idée, mais arrivant à la même conclusion, on sait mieux aujourd'hui que la progression de la connaissance est due davantage à la manière de formuler des questions : c'est elle qui détermine les limites de la réponse. A s'en tenir à la seule intelligence des choses, on obtiendra des résultats correspondant à ce domaine. Mais la vie n'est-elle qu'une question d'intelligence ? N'est-ce pas en faire une réduction qui dénie l'expérience que nous en faisons tous ? Alors, faisons place à d'autres approches et tentons ensuite une synthèse : voilà, me semble-t-il la route à suivre. C'est l'objet même de cet ouvrage.

C'est l'objection que je ferais aux frères Bodganov, tout en saluant leur passionnante et pédagogique contribution au débat.

ANNEXE 10 – REGARD PSYCHANALYTIQUE SUR Gn 1-2.

Source : Marie Balmary, La divine origine, Grasset, 1993, ch 1-5.

Prélude

° Sur l'origine de l'homme, pas d'idée plus répandue que : 'l'homme a été créé par le dieu qui a fait le ciel et la terre'.

° Parmi ceux qui n'adhèrent pas à cette proposition, pas d'autre idée plus répandue que : ' l'homme est le fruit de la matière et du hasard ; il ne doit sa vie à personne et ne la rend à personne quand elle s'achève'.

° Aucune de ces propositions, à connotation l'une religieuse, l'autre scientifique, ne rend compte de ce que révèle l'expérience de la parole humaine.

'Expérience de la parole' = ce qui est proprement humain, _l'accès à la 1ère personne_. L'homme, en tant qu'il peut parler en disant 'Je' demeure inexpliqué par ces 2 formules sur l'origine. Dans le monde animal, existent bien des messages adressés et donc de formes de langage. Mais il semble bien qu'aucune bête ne parle en son propre nom à un autre capable à son tour de lui répondre de même. Le langage articulé humain n'est pas seulement plus riche : il est utilisé par une instance psychique, non advenue chez les animaux.

Cette pensée, qui distingue radicalement l'homme de l'animal, et qui en même temps présente l'homme comme 'à faire' et non fait, apparaît d'une très grande force. Elle pourrait nous conduire à une tout autre vision de l'homme et reposer la question de son origine.

Le récit de la création de l'homme se trouve dans les 2 1ers chapitres de la Genèse, reliés l'un à l'autre par une logique profonde.

Gn 1, 6ème jour : création des êtres vivants.

1, 24-25 : La terre fait, Dieu fait ? _Dieu fait en faisant_ que la terre elle-même fasse sortir la vie. Gn 1,24 apparaît pleinement évolutionniste.

1,26-27 : 'Nous ferons l'Adam, l'humain en notre image, comme notre ressemblance'.

 La distinction entre 'image' et 'ressemblance', ainsi qu'entre 'en' et 'comme' a fait l'objet de nombreux commentaires. Parmi eux, celui de M. Balmary est le plus stimulant en raison de ses retombées concrètes : cf. ci-dessous, §2, introduit par ce qui suit.

En Gn1, **2 signes laissent entendre que la création de l'homme est inachevée** :

1° En 1, 27 est écrit que Dieu a créé Adam, le terreux, le terrien, le terrestre (= issu de la terre) ; ou encore 'l'humain'(= issu de l'humus), mâle et femelle. Il n'est pas écrit que Dieu a créé l'homme et la femme[111].

2° 1, 26 annonce que l'homme sera fait 'à notre image, comme notre ressemblance', mais en 1,27, la ressemblance disparaît : pourquoi ?

   1- Le passage de 'mâle et femelle' (Gn1, 27) à 'homme et femme' (Gn2, 23) a lieu _grâce à l'interdit_ situé entre l'arrivée de l'homme et celle de la femme (Gn 2, 16-17), interdit nécessaire à leur relation et posé devant le 1er qui parlera.

Cet interdit de manger d'un seul et unique arbre apparaît comme la 1ère loi d'altérité ; il y a un point d'arrêt qui avertit : tout n'est pas 'objet' en ce monde, tout n'est pas consommable. _Il y a de 'l'autre' et 'l'autre' ne se mange pas._ Le jour où j'aurai mangé ce qui me différentie de toi, 'TU' sera moi, 'JE' sera seul, et, sans 'TU', 'JE' ne pourra pas se maintenir, il mourra.

L'interdit n'est pas ce que Dieu se réserve, mais au contraire ce qu'il ne se réserve pas : la relation à l'autre, la connaissance heureuse réciproque.

L'interdit ouvre un monde nouveau : il y a _du 'non-objet' (et, virtuellement, du 'sujet')._ Tant que l'humain respecte lui-même cette loi, tant qu'il ne mange pas ce qui n'est pas à manger, il n'entre pas dans la confusion entre lui et son partenaire, entre lui et le divin[112].

Confirmation du passage de 'mâle et femelle' à homme et femme' : au sujet de nourriture :

° _En Gn 1,29 pour l'humain, sa vie biologique, animale, la nourriture suffit._

---

[111] Dans les traductions de la Bible (sauf la 2ème de Chouraqui), aucune différence n'est faite entre l'humain (Adam) et l'homme masculin (ish). Aucune chance, donc, de s'apercevoir que le mot 'homme', celui qui va avec 'femme', n'était pas encore apparu dans Gn1.

[112] Dans la prière, le silence de Dieu nous permet d'éviter la confusion et de reconnaître l'altérité de Dieu : 'silence de patience et de pédagogie où la présence se différencie de mon désir. L'acceptation de ce silence est une forme de reconnaissance de l'autre, nécessaire pour parvenir au dialogue et à la rencontre' (E. Bianchi).

° En Gn2,16 *pour l'homme et la femme* la nourriture n'est pas donnée seule. Le divin donne 2 éléments, ensemble, à celui qu'il prépare à la rencontre de l'autre : *nourriture et négation* : *Manger* de tous les arbres, et *ne pas manger* de l'unique arbre interdit, c'est cela se nourrir pour 'homme et femme'.

C'est au sujet lui-même de décider : accomplir ou transgresser l'interdit de confusion et ainsi effectuer - ou non - la séparation créatrice. L'interdit remis aux humains leur donne de s'accomplir ou de se défaire en leur identité propre. Et il protège celui qui le respecte : parce que je ne te mange pas, je ne suis pas mangé.

° A l'inverse, le non-respect de l'interdit fait s'éveiller un sujet apeuré et nu devant l'autre.

Gn2 raconte l'épreuve nécessaire à l'advenue de celui/celle qui pourra parler à la 1ère personne

2- Image et ressemblance.

En Gn1, le v. 27 n'est pas une répétition du 26 : La 2ème formule du projet énoncé en 26 (*comme notre ressemblance*) fait défaut en 27. A la place, la 1ère formule est répétée.

Déjà les Pères de l'Eglise avaient remarqué cet 'écart'. Ainsi Basile de Césarée (4ème s.) :

« N'as-tu pas remarqué que cette proposition (1,27) est incomplète ? La délibération comprenait 2 éléments ; l'exécution n'en contient qu'un : changement d'avis? Repentir ? Impuissance ? Bavardage ? Non !

Nous possédons l'un par la création, nous acquérons l'autre par la volonté. Dans un 1er temps, il nous est donné d'être à l'image de Dieu ;puis, par la volonté, se forme en nous l'être à la ressemblance de Dieu. Ce qui relève de la volonté, notre nature le possède en puissance, mais *c'est par l'action que nous nous le procurons.* Le Seigneur nous a créés *en puissance* capables de ressembler à Dieu, et il a permis que *nous soyons les artisans de la ressemblance à Dieu*, afin que nous revienne la récompense de notre travail, afin que nous ne soyons pas comme ces portraits sortis de la main d'un peintre, objets inertes ».

L'image est en nous *sans nous*, la ressemblance ne peut l'être qu'avec nous.

Conclusions. Quelques formules de synthèse.

1° En parlant de « création de l'homme et de la femme par Dieu », traductions et commentaires en font des 'sujets créés'. Or, il n'y a de créable que l'objet. *Le sujet, lui, avec la liberté qui lui est propre et indispensable, apparaît transcendant la créature dès que le sujet est engendré dans la créature.*

2° *Gn2 raconte l'épreuve nécessaire à l'advenue d'une personne qui pourra dire 'JE'.*

3° On ne trouve pas ailleurs qu'en Genèse ce point étonnant d'un créateur qui ne ferait que l'humain et non pas l'homme, i.e. seulement *l'homme possible*.

° De tous les mythes fondateurs, le double récit biblique demeure celui qui va le plus loin dans *la participation de l'humain à son propre éveil*. Fait unique dans les mythologies, c'est à la relation humaine différenciée qu'est attribué le pouvoir, ailleurs réservé aux dieux, de faire - ou de ne pas faire - l'homme et la femme.

° L'homme ? *Un vivant qui s'est levé, qui s'est éveillé en reconnaissant l'autre.*

4° *Cela ne s'est pas fait une fois pour toutes.*

Ni la verticalité, ni la conscience ne sont inscrites dans les gènes, ce que la découverte d'enfants loups a confirmé. L'accès à l'humanité n'est pas héréditaire. Seule l'aptitude à l'humanité l'est. *Car personne ne naît homme ni femme dit la bible. A chaque naissance, c'est à faire, et chaque fois, la genèse recommence*: 'Omnis homo Adam' 'Tout homme est Adam' (dit merveilleusement Augustin)

° Sans la loi qui permet à chacun d'exister sans devoir être tout, rien de ce qui est proprement humain (couple, parent, fils, frère) ne peut apparaître.

Que l'on croie ou non en un dieu, la loi de ne-pas-être-tout doit être trouvée et respectée.

° En Gn, homme et femme n'arrive qu'au delà de la création, non pas créés par le dieu, mais seulement formés par lui et, une fois la loi donnée, advenant de leur rencontre même.

° Notre tâche vis-à-vis d'autrui : croire au sujet incréé, l'écouter. Discerner celui qui parle, et, si on soupçonne que l'humain est parlé par d'autres instances, d'autres présences en lui que la sienne, interroger. Combien de fois une parole dépréciative sur soi-même, un jugement contre soi s'avère parole subie, redite par un sujet qui croit vraie une connaissance que d'autres auraient de lui.

Pour mémoriser…

Dans sa croissance, tout homme doit traverser 3 naissances :

° Naissance naturelle : la grâce suppose la nature ; pas de ciel sans la terre ; d'où l'expression 'Sauvegarde de la Création', souvent associée à Justice et Paix, et qui signifie : *l'homme garde ce que Dieu sauve*.

°Naissance à soi-même : acquérir la capacité à parler en 1ère personne, de sujet à sujet. Nécessaire travail sur soi-même, pas seulement sur les choses.

° Naissance à la vie divine : c'est la 'nouvelle naissance' annoncée dans l'évangile. (Jn 3).

QUEL ARTISTE !

Lors d'une promenade avec un ami dans le parc de la ville, nous nous sommes arrêtés pour admirer un parterre de fleurs merveilleusement agencé. Mon ami, émerveillé mais discret, répéta à plusieurs reprises : 'quel artiste ! mais quel artiste !'

« Tu penses sans doute, lui dis-je, au jardinier de la ville qui renouvelle tous ces jardins chaque année, et qui a disposé ceux-ci de si jolie manière ? »

« Oui », répondit-il. » Un petit oui pour marquer gentiment son accord. Puis l'enthousiasme le reprit et il répéta de nouveau : 'que artiste !'

Pour lui faire écho, je repris en disant : « Tu veux sans doute parler de l'architecte du jardin qui dessine les courbes du parterre avec autant de précision que de fantaisie ? »

Encore un petit 'oui' conciliant qui refuse de s'arrêter trop vite à une explication. Il pensait plus loin, à un autre artiste. « Regarde donc la perfection de ces fleurs, dit-il presqu'à mi-voix, les nuances de coloris, la courbe parfaite des pétales, les ondulations des bordures, la variété presque sans limite des couleurs. »

Je me rapprochai de lui pour dire comme en confidence que je devinais un secret : « Tu penses à Dieu, au créateur de ces merveilles ».

« Oh, ne dis pas si vite de grands mots ; Où est Dieu ? Tu l'as vu, toi ? »

Je ne me sentais pas froissé et je repris posément : « Si tu ne veux pas dire Dieu, je pense à ce que dit l'astronome Trinh Xuan Thuan. Face aux merveilles du monde, aussi bien celles des étoiles que celles de fleurs que nous admirons ici, il parle d'un principe créateur. »

« Non, dit-il brusquement avec une grimace. Un principe, c'est anonyme, sans cœur. C'est froid, incapable d'insuffler la beauté et l'harmonie que nous découvrons ici. Or il a fallu du cœur à l'artiste pour mener à bien toutes ces mutations, façonner ces merveilles dans le détail, pour mesurer la durée de gestation, l'époque de l'éclosion, les énergies internes nécessaires pour conduire différemment chaque fleur à sa maturation etc.

J'enchaînai en lui demandant : « Tu penses à l'origine lointaine de tous ces fruits de la nature ? »

Il me répondit avec un sourire. « Ne cherche pas si loin. Où est l'origine ? Tu y étais, toi ? Admire le présent et salue discrètement l'artiste qui nous modèle tout ceci aujourd'hui. Regarde ! Un papillon vient de se poser si délicatement que la fleur n'a pas tremblé. Quel équilibre ! Quelle variété gratuite, quelle diversité ! »

« C'est donc la grande nature que tu admires » dis-je discrètement.

« Tu parles comme un païen, répondit-il. La nature. L'artiste qui nous a fait ces cadeaux est un grand cœur, un sensible, un Esprit sage plein de ressources pour faire éclore la vie, la maintenir éveillée ou la réveiller quand elle s'endort ; Il fait gagner la lumière malgré tous les orages et fait évoluer le monde avec une grande liberté en le poussant incessamment en avant.

Tâche de deviner ici présent cet Esprit qui est aussi discret qu'actif, entreprenant, imaginatif, comme un grand artiste.

Ecoute encore ceci : Si tu dis à quelqu'un qu'il est un artiste, tu lui fais le plus beau compliment, car cela équivaut à lui dire qu'il ressemble à celui que nous admirons. »

 Je ne pouvais plus que me taire. Mais j'étais rempli de joie.

Fr Agnello Jacquemin, Ofm, Louvain la Neuve,

Texte paru dans 'Vie des Franciscains', no 6, sept. 2009, pp. 20-21.

Postface

de Mgr Bouchex, archevêque émérite d'Avignon.

« Le thème du développement est aujourd'hui fortement lié aux devoirs qu'engendre le rapport de l'homme avec l'environnement naturel. Celui-ci a été donné à tous par Dieu et son usage représente pour nous une responsabilité à l'égard des pauvres, des générations à venir et de l'humanité tout entière... La nature est l'expression d'un dessein d'amour et de vérité. Elle nous précède et Dieu nous l'a donnée comme milieu de vie. Elle nous parle du Créateur et de son amour pour l'humanité. Elle est destinée à être récapitulée dans le Christ à la fin des temps. Elle a donc elle aussi une 'vocation' » (Benoît XVI, Encyclique « L'amour dans la vérité », 29 juin 2009, n° 48).

Dans le petit livre qu'il nous propose, le Frère François-Régis FINE, de l'Ordre des Frères Mineurs, nous invite à regarder la création de telle manière que nous puissions découvrir en elle le « dessein d'amour et de vérité » et la « vocation » dont parle le Pape Benoît XVI. Le Frère le fait en jetant sur la création quatre « regards croisés »: le regard du scientifique, celui du philosophe, celui du disciple du Christ, celui enfin,- et cela ne nous surprend pas-, du fils de saint François d'Assise.

Pour que ces différents regards ne soient pas ceux d'un homme se situant en étranger par rapport à la création, l'auteur nous fait commencer notre parcours en nous demandant de prendre conscience que la création est en nous, que nous sommes en elle, que nous n'aurons jamais fini de nous émerveiller de « sa diversité », de « son unité » et de « sa créativité » (p. 3).

Puis, étant à la fois scientifique, philosophe, chrétien, disciple de saint François d'Assise, le Frère nous introduit, par des portes d'entrée complémentaires, dans une vision variée en même temps qu'unifiée de la création. Pour que cet objectif soit plus facilement et pleinement atteint, il est souhaitable qu'après une lecture personnelle, ce petit livre donne lieu à des échanges en groupes de jeunes et d'adultes. C'est par ce travail de groupe que peuvent le mieux être « croisés » nos « regards » sur la création, et ainsi changées nos attitudes envers elle.

Découvrir le sens plein de la création, c'est accueillir le « dessein d'amour et de vérité » de Dieu sur nous. En respectant et servant la « vocation » de la création, nous connaissons et vivons de mieux en mieux notre propre « vocation » (Benoît XVI, ibid. 48). Jeter sur la création les « regards croisés » dont parle le Frère FINE, c'est commencer à faire nôtre le regard de Dieu sur elle: « Dieu vit tout ce qu'il avait fait: Cela était très bon » (Gn 1, 31).

Présentation du livre « Regards croisés sur la création »

Depuis une cinquantaine d'années, un puissant mouvement de prise de conscience de notre rapport à la création s'est développé à l'échelle de notre planète.

Ce mouvement doit trouver un nouveau souffle, car, en dépit de nombreux et fructueux résultats, les problèmes sont encore devant nous, tant au niveau local que planétaire. Ce nouveau souffle, nous proposons, dans cet ouvrage, d'aller le chercher chez des auteurs scientifiques, philosophes, théologiens chrétiens et franciscains qui ont eux-mêmes entrepris une profonde et instructive transformation dans la manière d'aborder le sujet.

Nous espérons que le lecteur y trouvera les motivations nécessaires pour renouveler un engagement écologique toujours si nécessaire.

Nantes, nov.2020

L'auteur :

François-Régis Fine : originaire de Marseille, ingénieur chimiste (ENSIC, Nancy, 1964) ; master of science (NU, USA) ; 15 ans de travail dans l'industrie chimique (3 ans en laboratoire, 12 ans au bureau d'études central d'une grande entreprise chimique) ; religieux franciscain, prêtre ; actuellement dans la communauté franciscaine de Nantes. Contact : f.fine@skynet.be